V

MANUEL

DES

TABLEAUX DE PLAIN-CHANT

A LA MÊME LIBRAIRIE :

Tableaux de Plain-Chant formant une méthode élémentaire avec l'indication des procédés à suivre dans l'enseignement mutuel et l'enseignement simultané; 16 tableaux de 49 centimètres sur 34, par M. Félix Clément.

Ch. Lahure, imprimeur du Sénat et de la Cour de Cassation
(ancienne maison Crapelet), rue de Vaugirard, 9

MANUEL

DES

TABLEAUX DE PLAIN-CHANT

CONTENANT

L'EXPLICATION DES RÈGLES ESSENTIELLES

ET DESTINÉ A ACCOMPAGNER LES TABLEAUX

PAR FÉLIX CLÉMENT

Maître de Chapelle et Organiste de la Sorbonne
Membre de la Commission des arts et des édifices religieux
au Ministère de l'Instruction publique et des Cultes

PARIS

LIBRAIRIE DE L. HACHETTE ET Cie

RUE PIERRE-SARRAZIN, N° 14

(Près de l'École de Médecine)

1854

AVERTISSEMENT.

Dans les Tableaux nous avons fait connaître très-sommairement les principes du plain-chant, et multiplié les exercices et les morceaux. Dans ce Manuel, au contraire, nous avons donné quelques développements aux principes, et nous n'avons conservé les exercices et les morceaux que lorsqu'ils étaient absolument nécessaires à l'intelligence des principes. Les Tableaux et le Manuel sont donc deux ouvrages qui se complètent l'un par l'autre.

Pour mieux faire comprendre la destination de chacun d'eux, supposons qu'un instituteur chargé d'une classe d'enseignement mutuel veuille enseigner le plain-chant à ses élèves, voici la méthode la plus simple qu'il puisse adopter : Il choisira les élèves les plus intelligents de sa classe, et leur fera étudier successivement les deux premiers Tableaux; s'il le juge nécessaire, il les guidera lui-même dans cette étude; ensuite il les disséminera dans sa classe et mettra autour de chacun d'eux un petit groupe d'élèves auxquels ils transmettront l'enseignement qu'ils auront reçu. Il suivra la même marche pour tous les autres Tableaux. On voit par là que les Tableaux sont particulièrement destinés à l'enseignement mutuel.

Lorsque tous les élèves, ou un certain nombre d'élèves auront étudié un de nos Tableaux de théorie, l'instituteur les réunira et se servira du Manuel pour leur expliquer, avec tous les développements possibles, les principes sommairement exposés dans ce Tableau. Afin de s'assurer si les enfants ont une parfaite intelligence de ces principes, il leur adressera lui-même les questions placées au bas du tableau ; il fera une chose excellente s'il multiplie ces questions, si surtout il en varie la forme pour que l'élève ne se contente pas de répondre machinalement comme font la plupart de ceux qui récitent une leçon apprise par cœur.

Il sera aussi nécessaire de questionner les élèves sur les Tableaux qui ne renferment que des exercices et des morceaux ; par ce moyen la théorie sera constamment mêlée à la pratique, et l'une jettera de la lumière sur l'autre.

Le Manuel est donc surtout destiné au maître et à l'enseignement simultané, c'est-à-dire à l'enseignement que le maître lui-même transmet directement aux élèves réunis.

Il sera aussi fort utile aux élèves ; ceux qui pourront l'avoir à leur disposition posséderont une sorte de *mémento* qui leur rappellera continuellement les explications du maître.

Nos Tableaux et notre Manuel sont l'abrégé d'une grande *Méthode* dans laquelle nous offrons au public le résultat des études de notre vie entière sur le chant liturgique. Nous regardons ces deux ouvrages élémentaires comme les premiers degrés que devront franchir ceux qui n'ont point encore commencé l'étude du plain-chant ; quant à notre méthode, nous la destinons particulièrement à ceux qui voudront en poursuivre l'étude jusqu'au bout et la connaître à fond. On a publié avant nous plusieurs ouvrages sur le chant liturgique ; mais leurs auteurs, bien qu'animés du zèle le plus louable pour la cause du plain-chant, n'ont point cherché à en graduer ainsi l'enseignement, ni à le présenter sous une forme qui le mît à la portée des enfants.

Admirateur du plain-chant, nous souhaitons avant tout qu'il devienne populaire, et si nos ouvrages peuvent contribuer à sa popularisation, nous estimerons nos veilles assez récompensées. C'est afin que notre vœu se réalise au plus vite que nous nous sommes efforcé d'être à la fois clair et complet, et que nous nous sommes bien gardé d'admettre une autre notation que celle qui est suivie le plus généralement. En un mot, pour nous mettre à la portée de tout le monde, nous avons laissé de côté tout ce qui est douteux, tout ce qui est sujet à contestation, tout ce qui n'est pas assez ferme, assez solide pour servir de base à un enseignement vraiment populaire.

Avant de terminer cette petite introduction, qu'il nous soit permis d'exprimer à la fois un regret et un vœu. Aujourd'hui, dans les écoles en général, on néglige trop l'étude du plain-chant pour celle de la musique moderne. Nous regrettons que le contraire n'ait point lieu. La musique moderne avec ses deux tonalités sans cesse transposées, ses modulations fréquentes, ses dissonances et l'étendue beaucoup trop grande de ses morceaux au grave et à l'aigu, offre de telles difficultés, que pour l'exécuter convenablement il faut sans cesse exercer sa voix comme les artistes de nos théâtres lyriques, pour lesquels, en réalité, nos compositeurs modernes travaillent exclusivement. Ajoutez à cela que ses mélodies ne sont généralement pas faites pour être chantées par un grand nombre de voix à l'unisson; aussi n'ont-elles presque jamais une popularité durable; elles naissent et passent comme ces fleurs qu'un jour voit éclore et se flétrir; elles n'ont rien de traditionnel, et le père qui fait apprendre la musique moderne à son fils, l'entend chanter des airs qui ne lui rappellent aucun souvenir et qui n'ont pas autant de charme pour ses oreilles que ceux qu'il a lui-même appris dans sa jeunesse. Le plain-chant, au contraire, est soumis à des règles fixes; ses mélodies ont peu d'étendue, elles ont l'avantage immense de pouvoir être chantées par un grand nombre de voix à l'unisson; elles sont éternelles comme la pensée divine qui les a inspirées et appropriées aux cérémonies sacrées du culte; de là vient qu'aujourd'hui encore nous entendons chanter dans les églises, sauf quelques altérations locales, les morceaux que les chrétiens entendaient chanter à Milan et à Rome du temps de saint Ambroise et de saint Grégoire.

Enfin il n'est pas possible à tout le monde d'acheter des morceaux de musique moderne qui coûtent fort cher, et encore moins d'aller dans les concerts et les théâtres lyriques pour entendre exécuter ces morceaux. Il n'est personne, au contraire, qui ne puisse acheter le Graduel et le Vespéral, assister exactement aux offices des dimanches et des fêtes, entendre les fidèles chanter les morceaux de plain-chant et mêler sa voix à leurs voix, s'il veut se conformer aux intentions de l'Église, qui demande formellement que chacun de nous prenne part au chant de l'office divin.

Nous souhaitons donc vivement que le plain-chant soit

enseigné dans les écoles. Les enfants, tout en assistant aux offices divins, poursuivront leur éducation musicale. L'étude du plain-chant leur fournira les moyens de payer convenablement au Créateur le tribut de louanges qui lui est dû, et de se conformer aux intentions de l'Église. C'est ainsi que les enfants contribueront d'une manière efficace à la pompe du culte et à la restauration si désirable du chant liturgique.

MANUEL DES TABLEAUX

DE PLAIN-CHANT.

1ER TABLEAU.

DE LA PORTÉE. — DES NOTES. — DES CLEFS.

1. Le *plain-chant* est une musique grave, consacrée aux offices divins et soumise à des règles fixes.

2. La *portée* est l'assemblage des quatre lignes parallèles et horizontales sur lesquelles s'écrit le plain-chant. Ces quatre lignes sont séparées les unes des autres par trois espaces qu'on appelle *interlignes*. Les notes, c'est-à-dire les caractères destinés à indiquer les différents sons, se placent ou sur les lignes ou dans les interlignes; aussi la portée offre-t-elle le double avantage de comprendre, dans son étendue, les sept notes de la gamme, et d'en représenter aux yeux les degrés d'élévation.

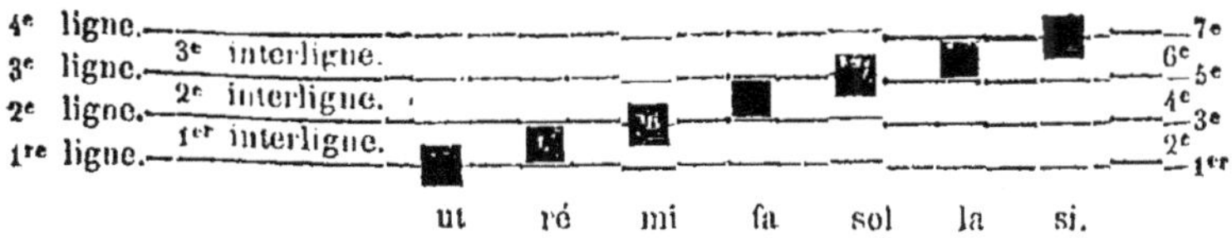

3. On voit ici que les lignes et les interlignes se comptent *en commençant par en bas*. Ainsi la ligne la plus basse est la

première; la plus haute est la quatrième; l'interligne le plus bas est le premier, le plus haut est le troisième. Les chiffres placés à droite indiquent le nombre exact de notes que la portée peut recevoir sur ses lignes et dans ses interlignes.

4. On appelle *note* le signe graphique que l'on place sur les lignes ou dans les interlignes de la portée pour représenter les sons, et peindre en quelque sorte aux yeux leurs différents degrés d'élévation. Les notes sont au nombre de sept. Pour les nommer, on se sert des sept syllabes *ut*, *ré*, *mi*, *fa*, *sol*, *la*, *si*.

5. La *gamme* est une série de sons qu'on désigne par ces syllabes, et qu'on fait suivre d'un huitième son, qui prend le nom de la première note de la série.

La gamme renferme cinq *tons* et deux *demi-tons* disposés de la manière suivante :

D'*ut* à *ré*............ un ton.
De *ré* à *mi*.......... un ton.
De *mi* à *fa*........... un demi-ton.
De *fa* à *sol*.......... un ton.
De *sol* à *la*.......... un ton.
De *la* à *si*........... un ton.
De *si* à *ut*........... un demi-ton.

Le demi-ton de *mi* à *fa* est fixe, c'est-à-dire qu'il reste constamment à la même place. Le demi-ton de *si* à *ut* est variable, c'est-à-dire qu'il peut changer de place. Un signe nommé *bémol*, dont nous parlerons plus tard, sert à baisser le *si* d'un demi-ton; dans ce cas, de *la* à *si* bémol il n'y a plus qu'un demi-ton, tandis que de *si* bémol à *ut*, il y a un ton.

6. On donne le nom de *degrés* aux différentes notes d'une gamme par rapport au rang qu'elles y occupent. Si nous avons la gamme :

Ut, ré, mi, fa, sol, la, si, ut.

Ut prend le nom de premier degré, *ré* celui de second degré, et ainsi de suite jusqu'à la huitième note ou octave, qui prend le nom de huitième degré ou qui reprend celui de premier degré.

7. La *gamme ascendante* est celle qui se fait en montant des lignes inférieures aux lignes supérieures. La *gamme descendante* est, au contraire, celle qui se fait en descendant des lignes supérieures aux lignes inférieures.

GAMME ASCENDANTE.

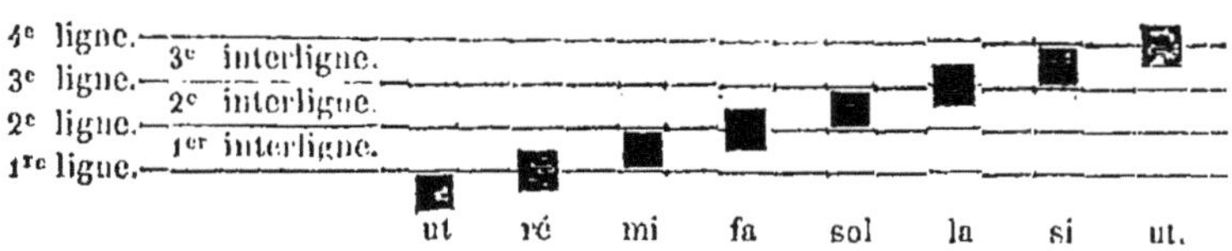

GAMME DESCENDANTE.

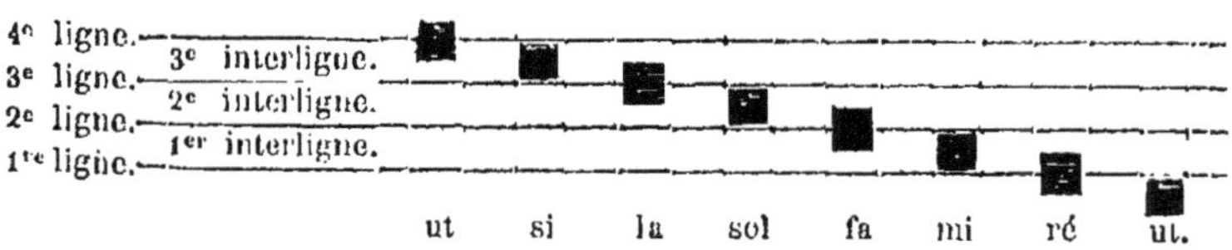

Lorsque l'*ut* est ainsi placé au-dessous de la première ligne, le *ré* est sur la première ligne, le *fa* sur la seconde, le *la* sur la troisième, et l'*ut* ou *octave* sur la quatrième; *mi*, *sol*, *si* occupent chacun des trois interlignes.

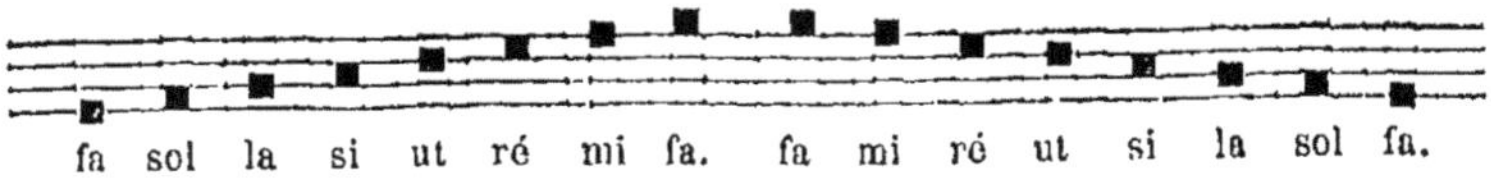

Lorsque le *fa* est sur la première ligne, le *sol* est dans le premier interligne, le *si* dans le second, le *ré* dans le troisième, et le *fa* ou *octave* au-dessus de la quatrième ligne; *la*, *ut*, *mi* occupent la seconde, la troisième et la quatrième ligne.

La même note peut occuper différentes lignes ou différents interlignes sur la portée; par exemple, l'*ut* peut être sur la seconde, sur la troisième ou sur la quatrième ligne, aussi bien que sur la première.

D'après ce que nous avons dit précédemment, il est facile de comprendre :

1° Que, si l'*ut* change de place sur la portée, toutes les autres notes changent également de place;

2° Que la position des notes les unes à l'égard des autres reste néanmoins toujours la même, c'est-à-dire que toujours, dans la gamme ascendante, nous avons le *ré* immédiatement au-dessus de l'*ut*, le *mi* au-dessus du *ré*, le *fa* au-dessus du *mi*, le *sol* au-dessus du *fa*, etc., et, dans la gamme descendante, le *si* immédiatement au-dessous de l'*ut*, le *la* au-dessous du *si*, le *sol* au-dessous du *la*, etc.

En conséquence, pour nommer les différentes notes sur la portée, il suffira de connaître à l'avance la place d'une seule de ces notes, parce que la note connue servira de point de départ pour connaître toutes les autres.

8. La *clef* est le signe qui se met d'ordinaire au commencement de la portée pour déterminer la place de l'une

des notes. En partant de la note indiquée par ce signe, on peut nommer toutes les autres notes.

9. Il y a deux clefs, la *clef d'ut* qui indique la place de l'*ut*, et la *clef de fa* qui indique la place du *fa*. Ces clefs se posent toujours sur les lignes, jamais dans les interlignes.

10. La *clef d'ut* placée sur la première ligne de la portée, c'est-à-dire sur la ligne la plus basse, prend le nom de *clef d'ut première ligne :*

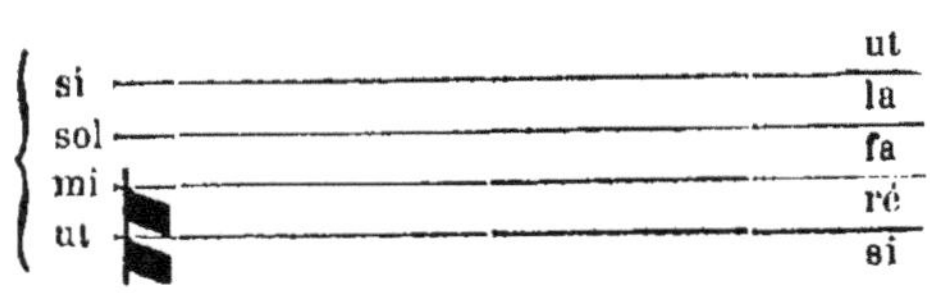

Placée sur la deuxième ligne, elle prend le nom de *clef d'ut deuxième ligne :*

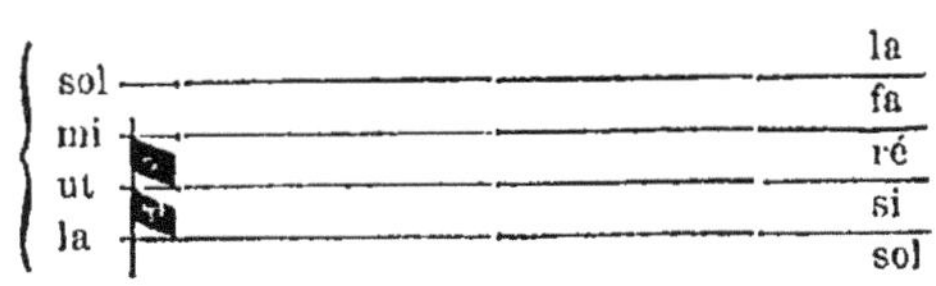

Placée sur la troisième ligne, elle prend le nom de *clef d'ut troisième ligne :*

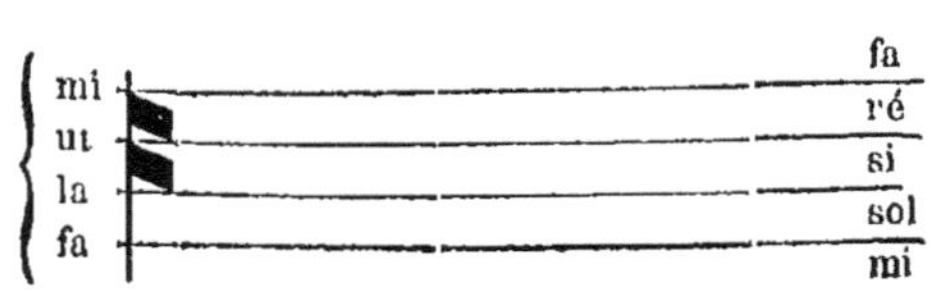

Placée sur la quatrième ligne, elle prend le nom de *clef d'ut quatrième ligne :*

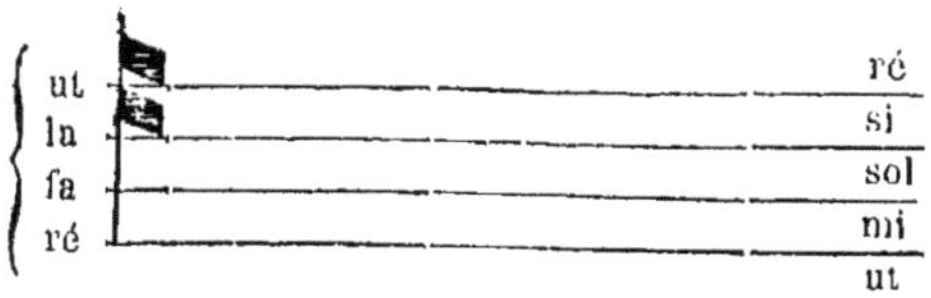

Ainsi, la *clef d'ut* se pose tour à tour sur chacune des quatre lignes de la portée, en sorte que la note *ut* occupe aussi tour à tour chacune des quatre lignes.

Dès que l'*ut* est connu, on parvient à trouver, sans hésitation, le nom des autres notes, si on observe :

1° Que ces notés sont placées alternativement sur les lignes et dans les interlignes;

2° Que la gamme ascendante *ut*, *ré*, *mi*, *fa*, *sol*, *la*, *si*, *ut* se fait en montant des lignes inférieures aux lignes supérieures, et que la gamme descendante *ut*, *si*, *la*, *sol*, *fa*, *mi*, *ré*, *ut* se fait, au contraire, en descendant des lignes les plus élevées aux lignes les plus basses.

Ainsi, à partir de la ligne occupée par la *clef d'ut*, on aura toujours *mi*, *sol*, *si*, en montant successivement aux lignes supérieures, et *la*, *fa*, *ré*, en descendant aux lignes inférieures; à partir de l'interligne occupé par le *ré* qui se trouve immédiatement au-dessus de l'*ut* indiqué par la clef, on aura toujours *fa*, *la*, *ut*, en montant successivement aux interlignes supérieurs, et *si*, *sol*, *mi*, *ut*, en descendant aux interlignes inférieurs. (Les notes qui sont placées au-dessous de la première ligne et au-dessus de la quatrième ligne doivent être considérées comme occupant des interlignes supplémentaires.)

11. La *clef de fa* ne se place que sur la seconde et la troisième ligne.

Clef de *fa* seconde ligne :

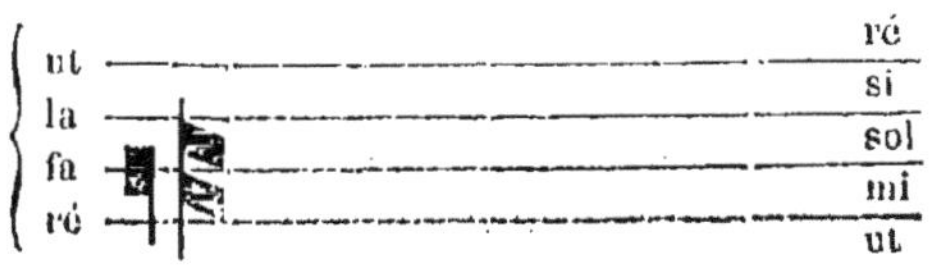

Clef de *fa* troisième ligne :

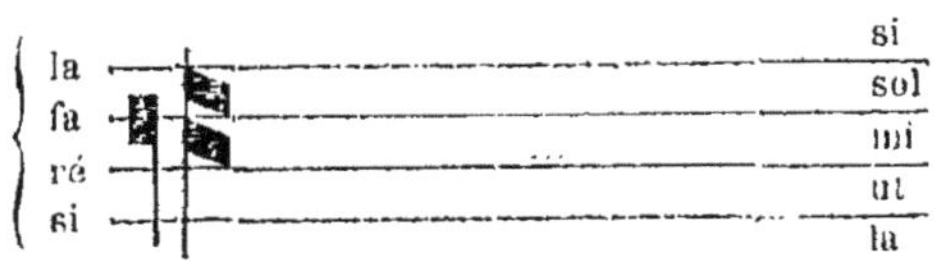

La position de cette clef indique la ligne occupée par la note *fa*. Pour connaître le nom des autres notes, il faut se servir, en montant, de la gamme ascendante *fa*, *sol*, *la*, *si*, *ut*, *ré*, *mi*, *fa*, et, en descendant, de la gamme descendante *fa*, *mi*, *ré*, *ut*, *si*, *la*, *sol*, *fa*, en observant la règle donnée plus haut en ce qui concerne la disposition des notes. Ainsi, à partir de la ligne occupée par la *clef de fa*, on aura *la*, *ut*, sur les lignes supérieures, et *ré*, *si*, sur les lignes inférieures; à partir de l'interligne occupé par le *sol* qui se trouve immédiatement au-dessus de *fa* indiqué par la clef, on aura *si*, *ré* dans les interlignes supérieurs, et *mi*, *ut*, *la* dans les interlignes inférieurs.

12. La *clef de fa* s'emploie dans les morceaux les plus bas du chant ecclésiastique, parce que la note *fa*, dont elle marque la position sur la portée, représente un son placé

cinq notes au-dessous de la note désignée par la clef d'*ut* : UT, *si*, *la*, *sol*, FA.

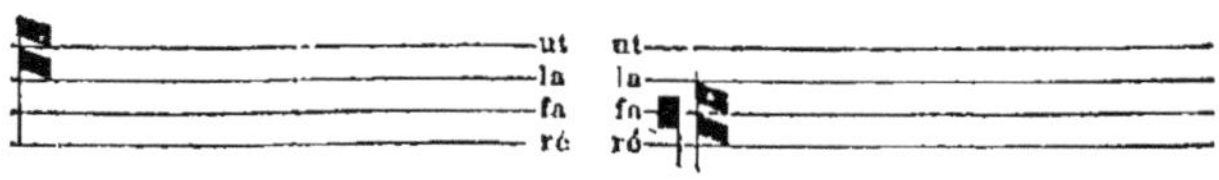

On voit ici que la clef d'*ut* quatrième ligne et la clef de *fa* seconde ligne désignent les mêmes notes.

13. Il existe des morceaux de chant dont l'étendue dépasse les quatre lignes de la portée, soit en haut, soit en bas. Pour marquer les notes surabondantes, on se sert de petites lignes supplémentaires sur lesquelles on les place comme elles le seraient dans l'intérieur de la portée.

14. Lorsque les notes surabondantes sont en trop grand nombre, on prend le parti de changer la clef, c'est-à-dire de la poser sur une autre ligne. On conçoit que par ce moyen il n'est pas de mélodie qui ne puisse être notée dans les limites des quatre lignes, puisque une étendue de deux octaves et deux notes est comprise entre la note la plus basse de la clef de *fa* troisième ligne, et la note la plus élevée de la clef d'*ut* première ligne :

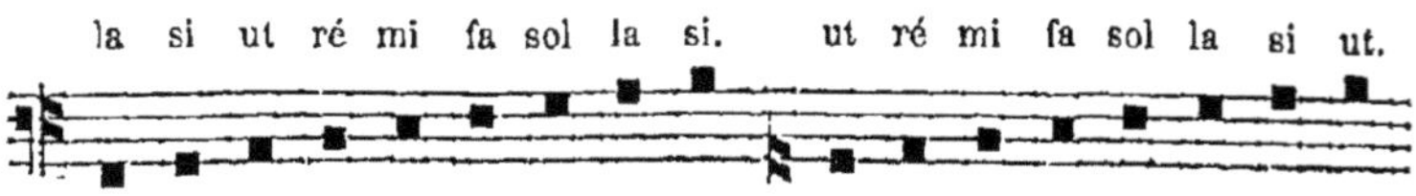

En conséquence, on peut hausser la clef lorsqu'il se trouve dans un morceau de chant un passage qui excède la première ligne; on peut la baisser, au contraire, lorsqu'il s'en rencontre un qui excède la quatrième ligne; car, si l'on hausse la clef, on a un plus grand nombre de notes graves; si on la baisse, on a un plus grand nombre de notes aiguës.

Le changement de clef s'opère quelquefois au commencement de la portée. Il est donc nécessaire au chanteur de jeter les yeux sur la position de la clef à chaque portée. Pour éviter les erreurs si faciles à commettre dans cette circonstance, on a imaginé de placer à l'extrémité de chaque portée un petit signe appelé *guidon*, et dont la forme est celle-ci ou celle-ci . Le guidon est toujours placé sur la ligne ou dans l'interligne que doit occuper la première note de la portée suivante :

1re portée.

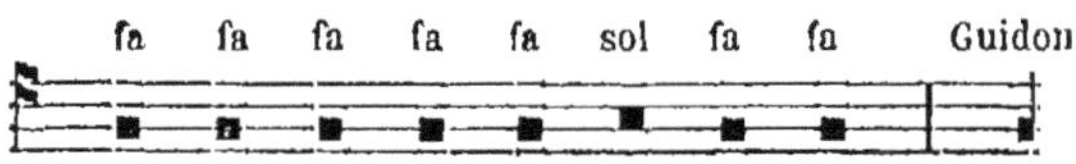

2e portée.

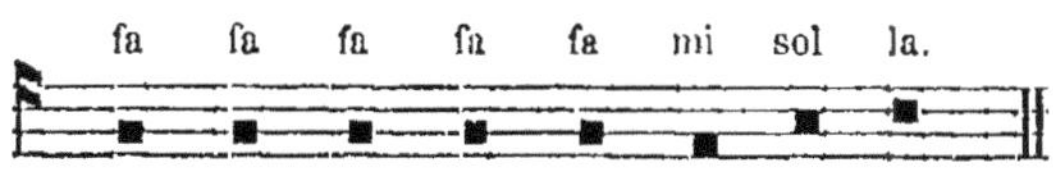

Si la première note de la portée suivante occupe la même ligne ou le même interligne que le guidon, il n'y a point changement de clef. Ainsi, dans l'exemple qui précède, le guidon placé sur la seconde ligne de la première portée indique à l'avance que la première note de la seconde portée sera *fa*. Aussitôt le chanteur peut dire *fa* en toute assurance; puis, dès qu'il voit que la première note de la seconde portée est placée aussi sur la seconde ligne, il est sûr que la clef n'a point changé de position.

1re portée.

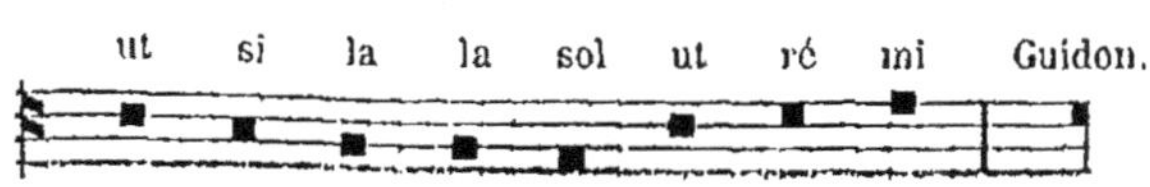

2e portée.

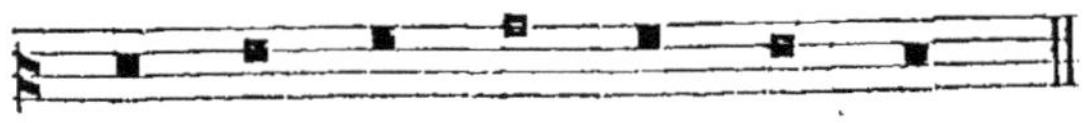

Si, au contraire, la première note de la portée suivante occupe une autre ligne ou un autre interligne que le guidon, il y a changement de clef. Ainsi, dans l'exemple ci-dessus, le guidon placé entre la troisième et la quatrième ligne de la première portée indique à l'avance que la première note de la seconde portée sera *ré*. Aussitôt que le chanteur a dit *ré*, il voit que cette note occupe au commencement de la deuxième portée un autre interligne que le guidon, et par là il acquiert la certitude d'un changement de clef.

2E TABLEAU.

EXERCICES SUR LES CLEFS.

Il est indispensable que l'élève apprenne à reconnaître facilement le nom des notes, d'après leur position, à toutes les clefs. Les exercices du deuxième tableau ont été composés dans ce but. L'élève devra nommer simplement les notes sans les chanter. Nous lui recommandons, sur toutes choses, de conserver pendant chaque exercice le souvenir de la position de la clef. Cette méthode est plus sûre et plus utile en vue du résultat qu'on se propose que celle, plus facile en apparence, de la relation des notes entre elles.

3E TABLEAU.

1. On entend par *valeur* d'une note la durée du son qu'elle représente.

2. Les sons du plain-chant sont soumis à trois modes de durée différents :

1° Lorsqu'ils n'ont qu'une durée ordinaire, ils sont représentés par des *notes carrées* qu'on appelle *notes communes.*

Notes communes : 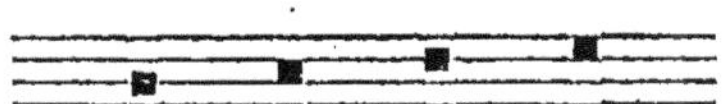

2° Lorsqu'ils doivent être prolongés au delà de la durée ordinaire, ils sont représentés par des *notes carrées à queue,* qu'on appelle *notes longues.* La queue ajoutée à ces notes carrées est un trait perpendiculaire qui part de leur droite ou de leur gauche, et qui se dirige vers le bas de la portée.

Notes longues : 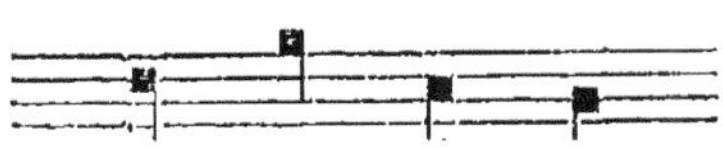

3° Lorsque les sons ont une durée moindre que celle de la note commune ou note carrée sans queue, ils sont représentés par des *losanges* qu'on appelle *notes brèves.* La losange est une figure qui a deux angles aigus et deux angles obtus.

Notes brèves : 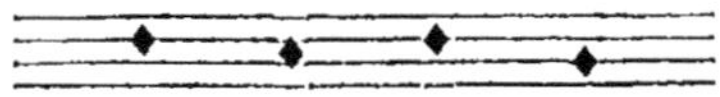

3. On trouve quelquefois des notes communes ou longues suivies d'un point. Ce *point* prolonge le son de la note pendant un temps indéterminé, ou tout au moins il indique un repos.

4. Il est nécessaire de présenter ici quelques observations sur l'emploi des différentes figures de notes.

Les losanges ont quelquefois la même durée que les notes carrées sans queue ou notes communes, mais c'est seulement dans le cas où plusieurs de ces losanges se suivent en descendant sur la portée, et prolongent les sons sur la même syllabe :

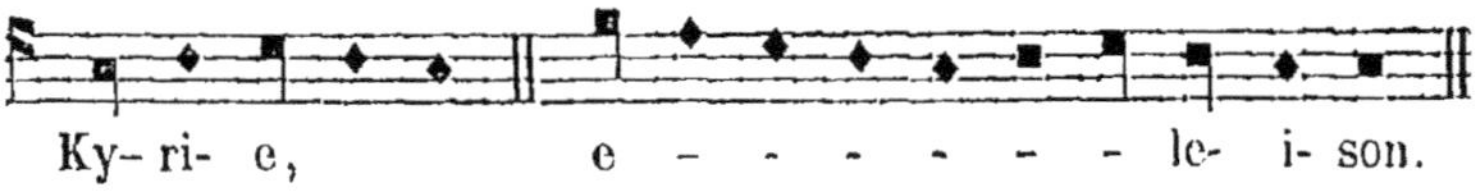

Pour reconnaître si les losanges doivent être exécutées comme des notes communes, il faut observer si elles sont précédées d'une note carrée à queue. Cette note carrée à queue a la forme d'une longue, non pas parce qu'elle doit être chantée comme sa forme l'indique, mais parce qu'elle doit être liée avec les notes qui la suivent. Dans plusieurs éditions récentes, on n'a employé que des notes communes pour représenter ces séries de sons :

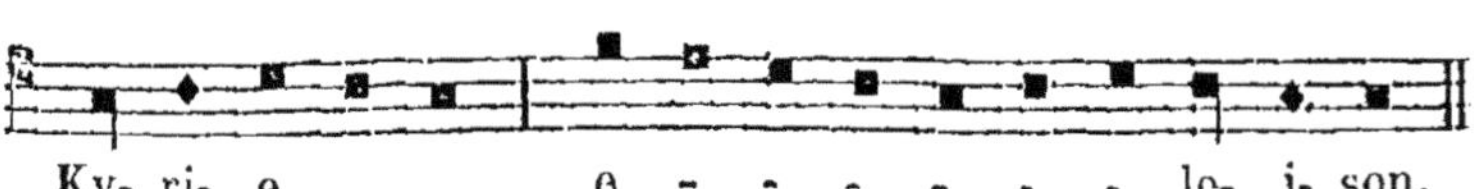

On trouve, dans les anciens livres de chant, une autre

forme de notes, appelée *Rhomboïde*, et dont la valeur est plus grande que celle de la brève et moins grande que celle de la commune :

Notes rhomboïdes : 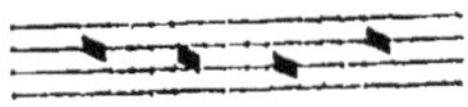

Lorsque les rhomboïdes se suivent en descendant sur la portée et prolongent le son sur la même syllabe, elles se trouvent dans le même cas que les losanges, et ont aussi la même durée que les notes carrées simples.

5. Lorsque la queue d'une note carrée se dirige vers le haut de la portée, cette note n'est point longue, mais simplement commune. La queue en ce cas n'indique qu'une liaison avec les notes qui suivent :

Prolation.

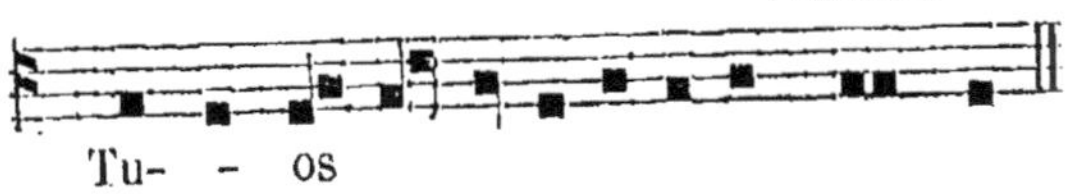

Quand le même son doit être prolongé sur une même syllabe, on emploie deux notes communes et même plus. C'est ce que l'on appelle *Prolation*. La suppression de la plupart des prolations dans les éditions modernes a souvent fait perdre au chant ecclésiastique une partie de sa majesté.

Lorsque la seconde des deux notes commence une reprise de chant, il faut bien se garder de prolonger le son, de le tenir. Il faut, au contraire, séparer par un court repos, par une demi-respiration, la seconde note de la première. Car, en ce cas, il n'y a pas de *Prolation* :

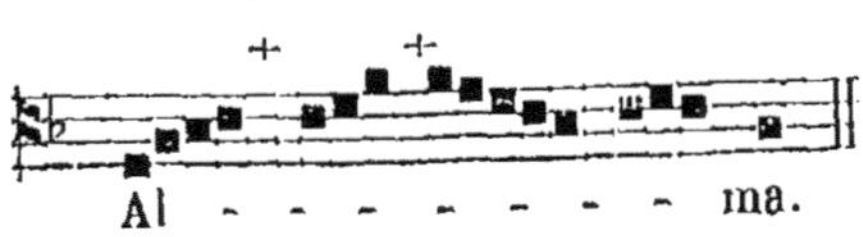

6. La longue s'emploie immédiatement avant la brève afin de rendre celle-ci plus frappante.

Le chant romain a beaucoup plus de grâce et de mélodie que celui des autres liturgies, parce qu'il offre beaucoup plus de brèves.

7. Lorsque nous avons dit quelle était la disposition des cinq tons et des deux demi-tons dans la gamme, on a dû reconnaître :

1° Que toutes les notes sont fixes ou invariables, à l'exception de la septième *si*.

2° Que les notes fixes marchent à égale distance, excepté le *mi* et le *fa*, entre lesquelles il n'y a qu'un demi-ton ou la moitié du degré qui sépare les autres notes.

La septième note *si* est donc la seule qui soit variable dans le plain-chant. Tantôt elle s'éloigne de la distance d'un degré de la note supérieure *ut;* tantôt elle n'en est éloignée que d'un demi-degré. Dans le premier cas, elle se rapproche de la note inférieure *la* d'un demi-degré, et dans le second cas elle en reste distante d'un degré.

8. Un signe particulier au *si* a donc été nécessaire pour indiquer au chanteur l'état de cette note variable. Le signe ♭ a été inventé à cet effet. Placé devant la note *si*, il indique que cette note est baissée d'un demi-ton. Il se nomme *bémol*, parce que le *si* qu'il rapproche du *la* d'un demi-ton, ne demande plus qu'un doux élancement de la voix pour être exécuté. Le *si* était autrefois désigné par la lettre *b*.

9. Le signe ♮, placé devant le *si*, sert à indiquer que le *si*, affecté antérieurement d'un bémol, reprend sa place naturelle à un degré au-dessus du *la*. Ce second signe se

nomme *bécarre* (B carré ou dur), parce que le *si* placé ainsi un ton au-dessus du *la* produit à l'oreille un son plus énergique que le *si bémol*, à cause des trois tons consécutifs parcourus de *fa* à *si*.

On rencontre quelquefois le bécarre dans des pièces de chant qui n'offrent nulle part le *si* bémolisé. Ce signe ainsi employé est inutile pour des chanteurs exercés. On avertit par ce moyen le lecteur inhabile qu'il ait à se garder de faire un *si* bémol lorsque le passage pourrait facilement être mal interprété par lui.

10. Le bémol s'emploie de deux manières : tantôt il se place près de la clef, au commencement du morceau de chant, et en tête de chaque portée ; tantôt il ne se met qu'à la gauche de la note qu'il altère.

Lorsque le bémol est placé à la clef, sa présence indique que toutes les notes placées dans le même interligne que lui sont baissées d'un demi-ton. Nous disons dans le même interligne, parce que, en réalité, la clef de *fa* deuxième ligne et les clefs d'*ut* étant posées sur les lignes, et le bémol ne pouvant, dans le chant ecclésiastique, altérer que le *si*, cette note occupe toujours un interligne sur la portée. On rencontre, mais fort rarement, le bémol sur la première ligne dans des morceaux écrits avec la clef de *fa* troisième ligne.

Exemple de l'emploi du bémol à la clef.

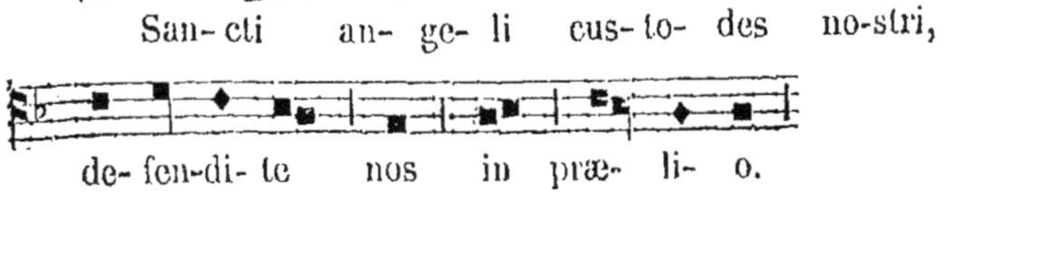

Lorsque le bémol ne se trouve que dans le cours d'une pièce de chant, il est accidentel, et altère seulement la note à la gauche de laquelle il est placé.

Exemple de l'emploi du bémol accidentel.

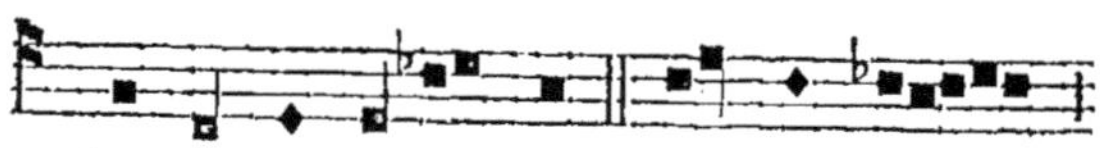

Remarquez que le signe du bémol est placé dans l'interligne où doit se trouver la note qu'il affecte, et à quelque distance de cette note, afin de ne pas séparer la série de notes liées ensemble, et afin d'inviter le chanteur à se préparer d'avance au changement d'intonation du *si*.

11. A une époque où le plain-chant a subi de notables altérations, on a affecté du bémol la note *mi*. Les anciens ne connaissaient que le *si* variable, comme nous l'avons dit plus haut. Les règles que nous avons données sur l'exécution du *si bémol* sont applicables à celle du *mi bémol*.

12. Un autre signe d'altération, étranger celui-là au véritable chant grégorien, se rencontre dans les éditions modernes du chant liturgique. Ce signe est le *dièze* qui a cette forme ✕ ou celle-ci ♯. Placé devant une note, il fait connaître que cette note doit être haussée d'un demi-ton. Théoriquement, le dièze ne saurait être toléré dans le chant grégorien qui n'admet que les deux demi-tons *mi fa*, *si ut*, et une seule note variable, le *si*. Mais, dans la pratique, on l'a d'abord admis pour éviter en descendant la succession de trois tons appelée *triton*, comme on l'avait évitée jus-

qu'alors en montant au moyen du *si bémol*. C'est ainsi que devant chanter

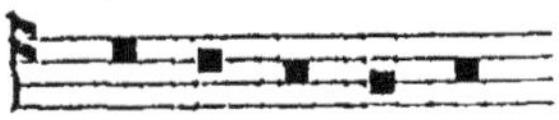

on a haussé naturellement le *fa* pour qu'il fût moins éloigné du *sol*. Ensuite les oreilles se sont habituées à ces inflexions, et l'usage en est devenu de plus en plus fréquent. Toutefois, on a eu la prudence de ne point multiplier ces signes d'altération pour ne pas ôter au plain-chant son caractère, et l'on a laissé aux chantres la faculté d'exécuter certains dièzes sans qu'ils soient marqués, en leur recommandant de le faire avec discernement et avec une sage discrétion.

Exemple de l'emploi du dièze.

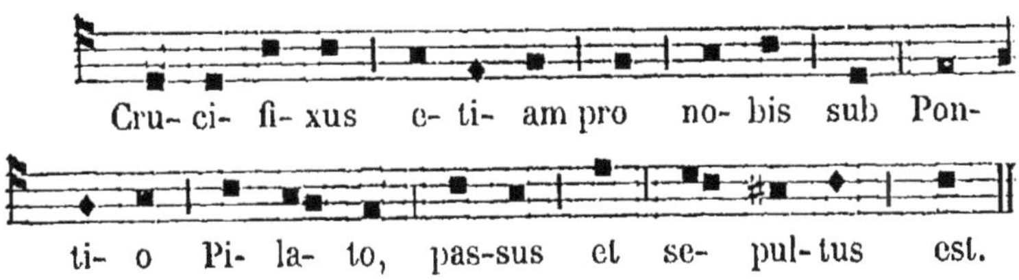

Exemples de passages dans lesquels le dièze peut être exécuté sans qu'il soit marqué.

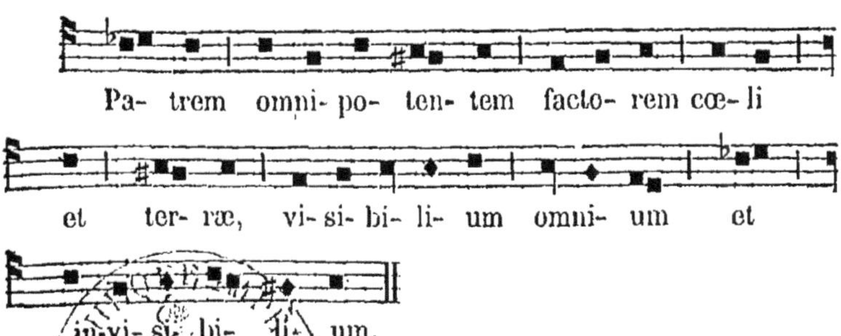

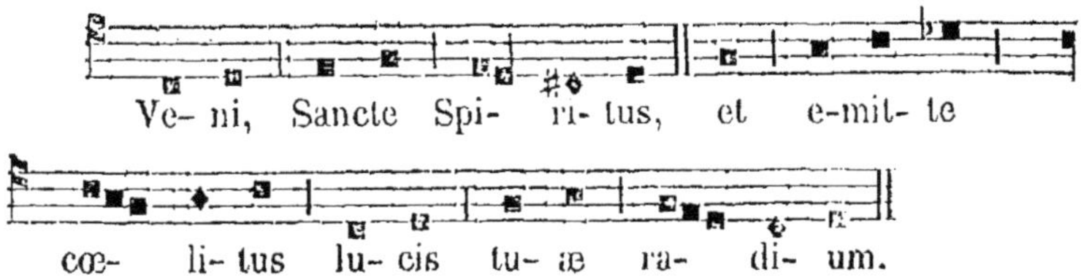

13. Les *barres* sont des lignes perpendiculaires qui traversent la portée.

Il y a trois espèces de barres : la petite barre, la grande barre et la double barre.

14. La *petite barre* ne traverse que deux ou trois lignes de la portée ; elle sert à séparer les mots.

Exemple de l'emploi de la petite barre.

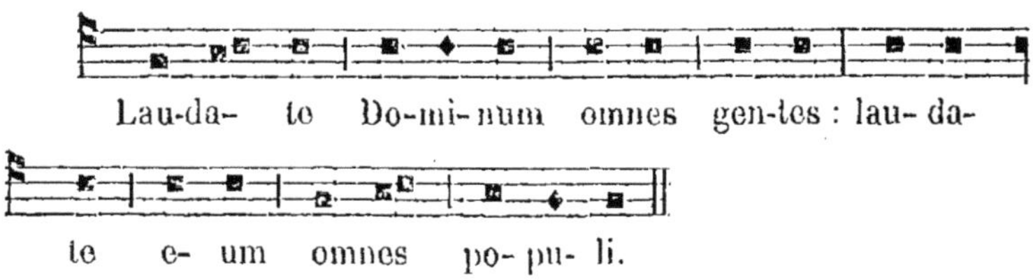

15. La *grande barre* traverse les quatre lignes de la portée. Elle sépare les mots comme la précédente, mais seulement lorsque la phrase musicale demande un repos. La grande barre indique donc une pause dans le chant. Elle est employée aussi pour séparer les vers dont se composent les hymnes et les proses.

Exemple de l'emploi de la grande barre.

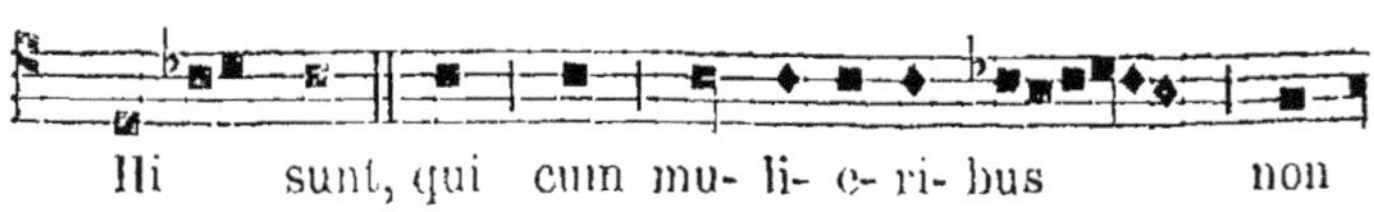

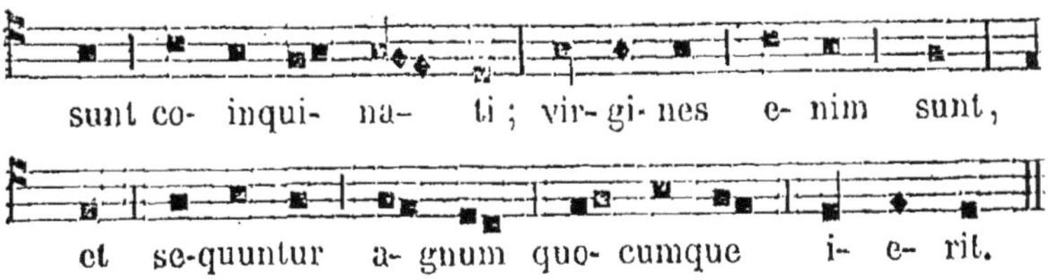

On voit par cet exemple que les deux grandes barres établissent un repos après les mots *coinquinati* et *sunt*.

16. La double barre se place à la fin des morceaux de plain-chant. Elle est destinée aussi à séparer l'intonation du corps de la mélodie. On s'en sert enfin pour indiquer la continuation du chant par un chœur différent ou par l'orgue. Les neumes ou vocalises que l'on rencontre dans un grand nombre de pièces, particulièrement dans les ALLELUIA qui terminent les graduels, sont également signalés par la double barre.

Exemple de l'emploi de la double barre.

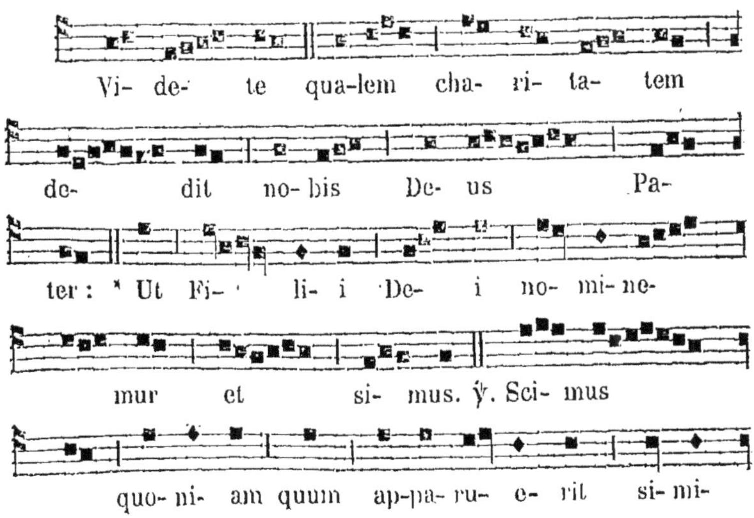

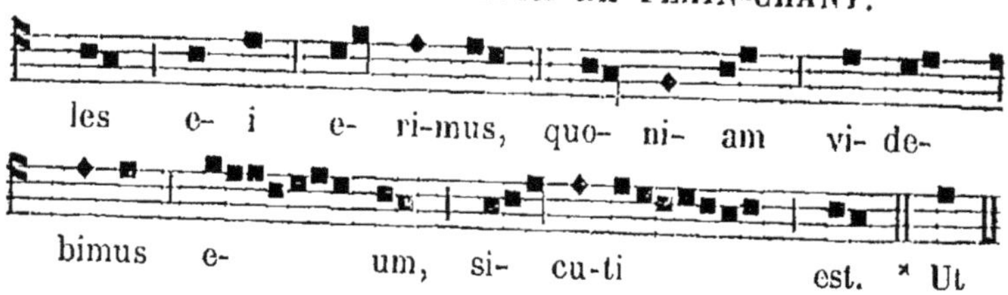

Dans l'exemple précédent, la double barre placée entre *videte* et *qualem* sépare l'intonation du corps de la mélodie; les doubles barres qui viennent après *Pater*, *est*, *Ut* indiquent la continuation du chant par un chœur différent ou par l'orgue; enfin la double barre placée entre *simus* et le verset marque la fin du morceau.

17. Les *chiffres* 1, 2, 3, 4, 5, 6, 7, 8 se placent au commencement, quelquefois à la fin des morceaux de plain-chant. Ils indiquent l'*échelle tonale* sur laquelle le morceau a été écrit, les éléments constitutifs de sa composition, son caractère, enfin celui des huit *modes* ou *tons* auquel il appartient.

18. Les *lettres* A, B, C, D, E, F, G, J se placent à côté des chiffres. Elles indiquent aussi l'échelle tonale, mais plus communément la *dernière note* ou *finale* des morceaux de plain-chant. Elles correspondent aux notes *la*, A; *si*, B; *ut*, C; *ré*, D; *mi*, E; *fa*, F; *sol*, G.

Ainsi, 1 en D, ou simplement 1 D, signifie que le morceau appartient à la première échelle tonale ou au premier ton, et que sa finale est *ré*; 2 D signifie que le morceau est du premier ton, et qu'il a pour finale *ré*, etc.

Les lettres ont encore une autre attribution. Elle consiste à désigner :

1° Les terminaisons si variées des psaumes;

2° Les *Gloria Patri* des introïts et des répons;

3° Les *alleluia* qui se chantent à la fin des antiennes;

4° Les *alleluia* des répons qu'on chante dans le temps pascal;

5° Les *neumes* ou phrases de chant sans paroles qu'on ajoute quelquefois à la fin des morceaux.

De la connaissance du chiffre et de la lettre qui précèdent un morceau, dépend non-seulement la bonne exécution de ce morceau, mais souvent encore celle du morceau suivant; car certaines parties de l'office divin éparses dans les livres d'église doivent fréquemment être réunies, et, dans ce cas, elles sont soumises au même chiffre et à la même lettre qui déterminent leur relation entre elles. Les dernières éditions du chant romain n'emploient guère que des chiffres pour désigner l'échelle tonale des morceaux, mais beaucoup de livres renferment encore des lettres dont l'usage ne peut d'ailleurs qu'être fort utile aux commençants.

19. C'est surtout dans la psalmodie que l'usage des lettres est d'une grande utilité. On y emploie non-seulement les lettres majuscules, mais aussi les minuscules correspondantes.

Les majuscules indiquent que la terminaison du psaume et de l'antienne qui le suit est complète, c'est-à-dire a pour note finale celle de l'échelle tonale dans laquelle le psaume et l'antienne sont composés. Ainsi, tout psaume et toute antienne en D, en E, en F et en G auront pour note finale RÉ, MI, FA, SOL.

Les minuscules indiquent, au contraire, que la terminaison du psaume est incomplète, c'est-à-dire qu'au lieu d'avoir pour note finale celle de l'échelle tonale à laquelle appartiennent le psaume et l'antienne, elle finit par la note que la lettre minuscule représente. Ainsi, un psaume composé dans l'échelle tonale de D *RÉ* peut avoir pour note finale f *fa*, g *sol*, a *la*; un autre psaume composé dans l'échelle tonale de F *FA* peut finir en a *la*, en c *ut*, en b *si*. La terminaison de l'antienne ne varie point; elle a toujours pour note finale celle de l'échelle tonale qu'indique le chiffre.

20. Les lettres majuscules et minuscules sont quelquefois penchées ou renversées, affectées d'un accent ou d'une cédille. Dans ce cas, la terminaison conserve encore la note finale désignée par la lettre, mais elle offre une légère modification dans les notes qui précèdent la finale. L'usage fera connaître ces diverses terminaisons.

Exemples de l'emploi des lettres dans les psaumes et les antiennes.

ÉCHELLE TONALE DE D *RÉ*.

1 en D.

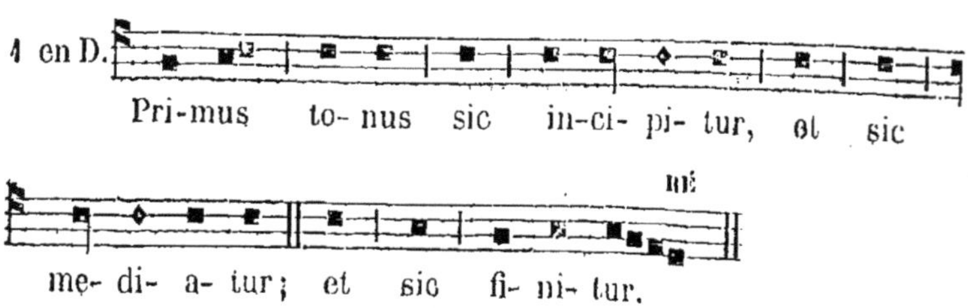

Ant. 1 en D.

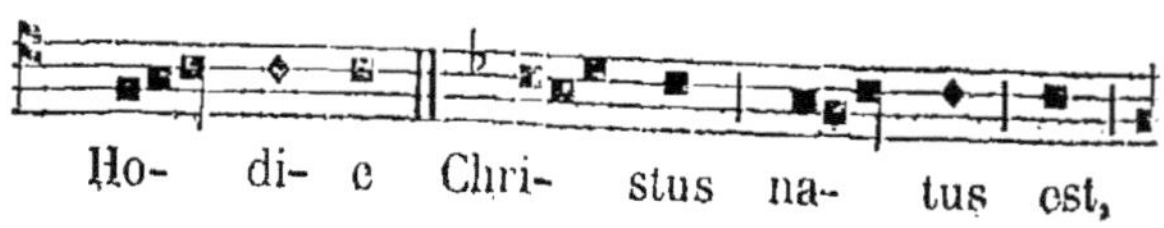

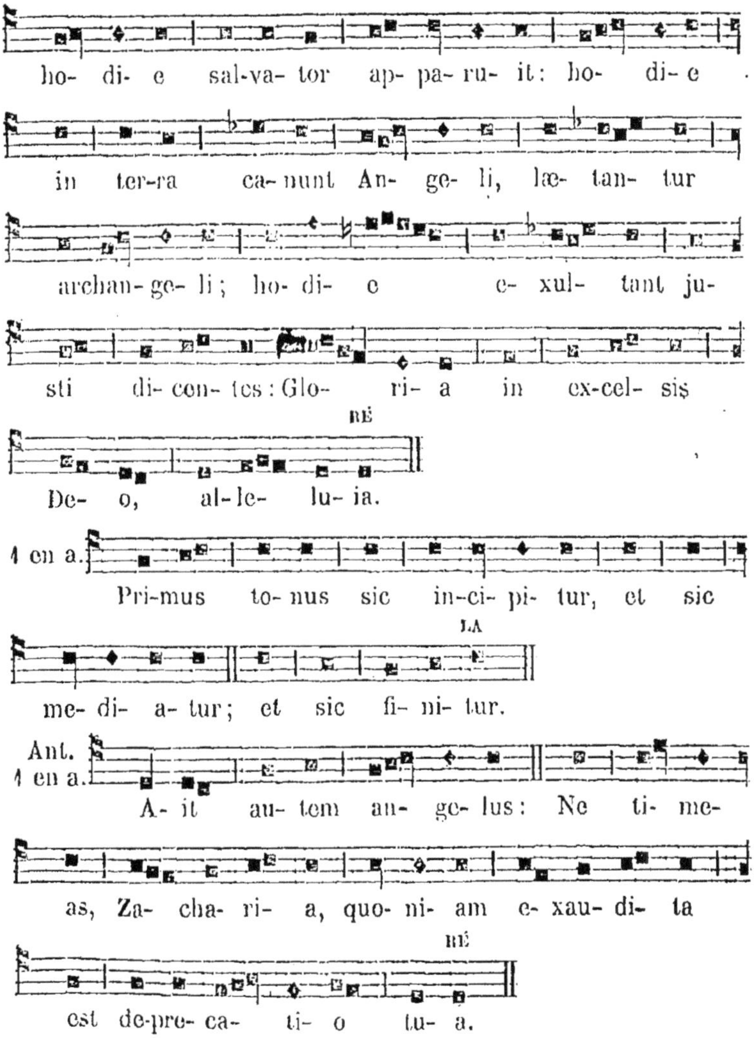
ho- di- e sal-va- tor ap- pa- ru- it : ho- di- e
in ter-ra ca- nunt An- ge- li, læ- tan- tur
archan- ge- li ; ho- di- e e- xul- tant ju-
sti di- cen- tes : Glo- ri- a in ex-cel- sis
RÉ
De- o, al- le- lu- ia.
1 en a.
Pri-mus to- nus sic in-ci- pi- tur, et sic
LA
me- di- a- tur ; et sic fi- ni- tur.
Ant.
1 en a.
A- it au- tem an- ge- lus : Ne ti- me-
as, Za- cha- ri- a, quo- ni- am e- xau- di- ta
RÉ
est de-pre- ca- ti- o tu- a.

ECHELLE TONALE DE G *SOL*.

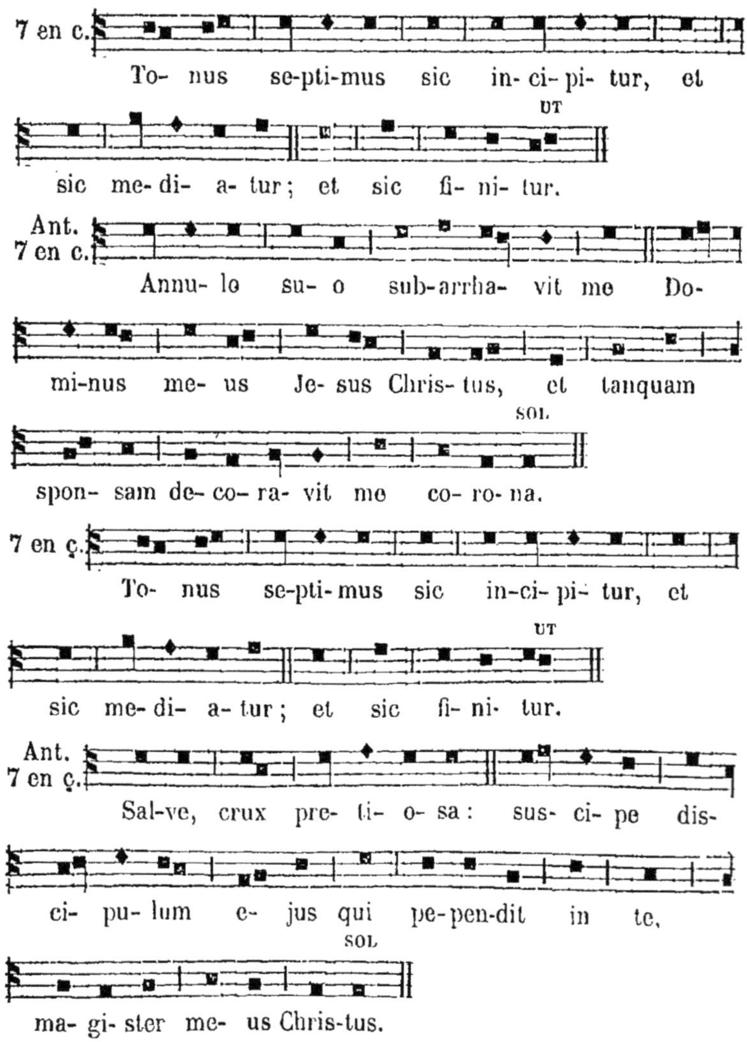

On voit toute l'utilité des lettres pour régler la psalmodie.

Si la lettre du psaume n'est pas celle de l'échelle tonale qui reste toujours indiquée par le chiffre, on acquiert la certitude que la terminaison n'est pas régulière. On peut remarquer aussi que la finale de l'antienne est invariablement conforme à celle que le chiffre désigne.

4e TABLEAU.

TON. — DEMI-TON. — GAMME. — INTERVALLES.

1. Le ton est l'intervalle le plus grand qui sépare deux notes consécutives, c'est-à-dire placées à la distance d'un degré l'une de l'autre. Ainsi, il y a un ton de *ut* à *ré*, de *ré* à *mi*, de *fa* à *sol*, de *sol* à *la* et de *la* à *si*.

TONS.

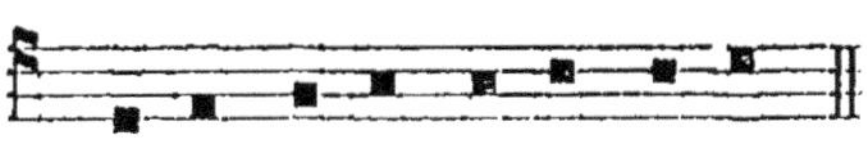

2. Le demi-ton est, au contraire, l'intervalle le plus petit qui sépare deux notes consécutives. Il ne vaut pas tout à fait la moitié du ton, en sorte que, si l'on suppose le ton divisé en cinq parties, le demi-ton ne contiendra que deux de ces parties. Il y a un demi-ton de *mi* à *fa*, de *si* à *ut* et de *la* à *si bémol*.

DEMI-TONS.

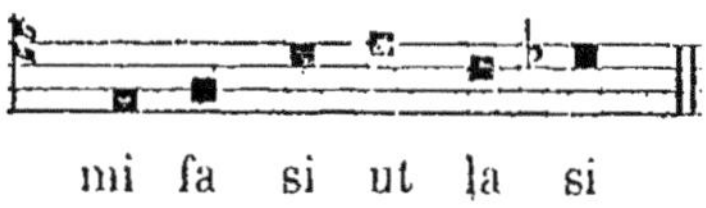

3. Le système qui procède par tons et par demi-tons prend le nom de *système diatonique*, et la gamme qui en résulte celui d'*échelle diatonique.*

4. Pour obtenir une gamme, il n'est pas nécessaire de commencer l'échelle diatonique par *ut*. On peut commencer par l'une des sept notes indifféremment. Il suit donc de là qu'il y a sept échelles diatoniques :

PREMIÈRE ÉCHELLE DIATONIQUE.

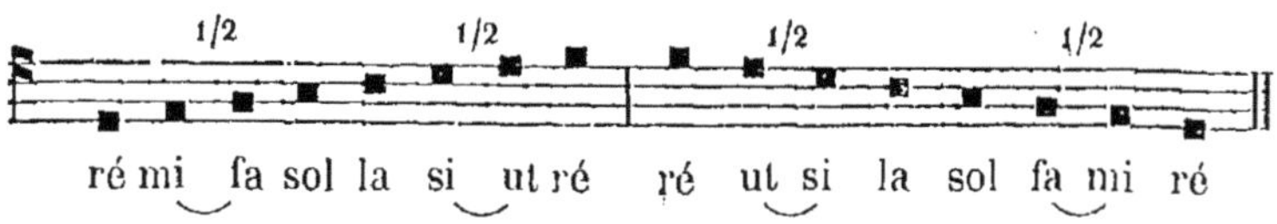

On voit que le premier demi-ton est entre le second et le troisième degré, et le second demi-ton entre le sixième et le septième.

DEUXIÈME ÉCHELLE DIATONIQUE.

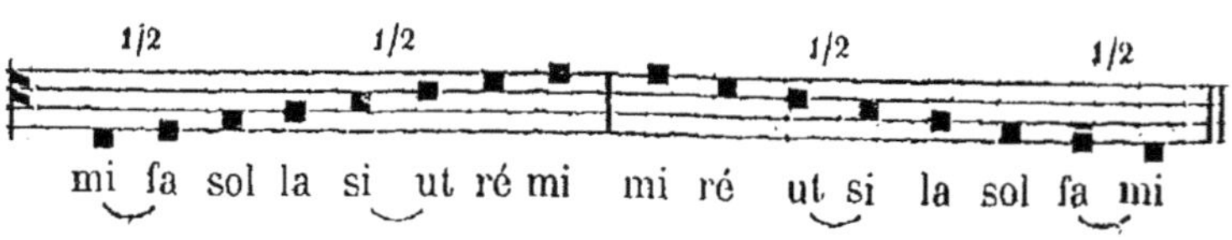

Le premier demi-ton est placé entre le premier et le second degré, et le second demi-ton entre le cinquième et le sixième.

TROISIÈME ÉCHELLE DIATONIQUE.

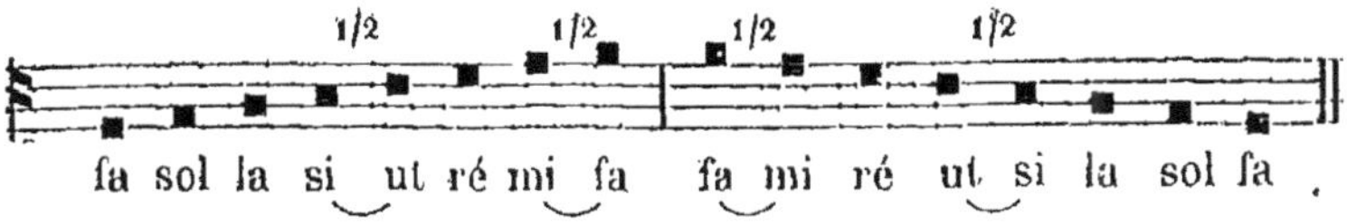

Le premier demi-ton se trouve entre le quatrième et le cinquième degré, et le second entre le septième et le huitième.

QUATRIÈME ÉCHELLE DIATONIQUE.

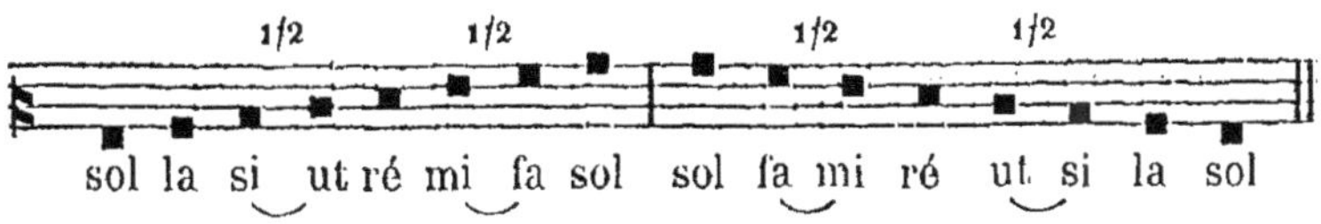

Le premier demi-ton se trouve entre le troisième et le quatrième degré, et le second demi-ton entre le sixième et le septième.

CINQUIÈME ÉCHELLE DIATONIQUE.

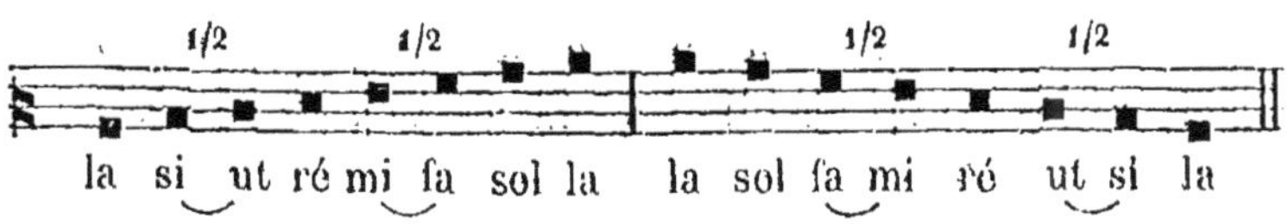

Le premier demi-ton est placé entre le second et le troisième degré, et le second entre le cinquième et le sixième.

SIXIÈME ÉCHELLE DIATONIQUE.

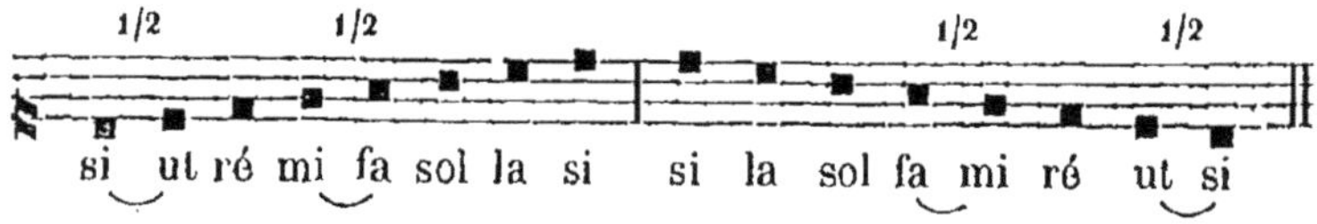

Le premier demi-ton est placé entre le premier et le second degré, et le second demi-ton est placé entre le quatrième et le cinquième degré.

SEPTIÈME ÉCHELLE DIATONIQUE.

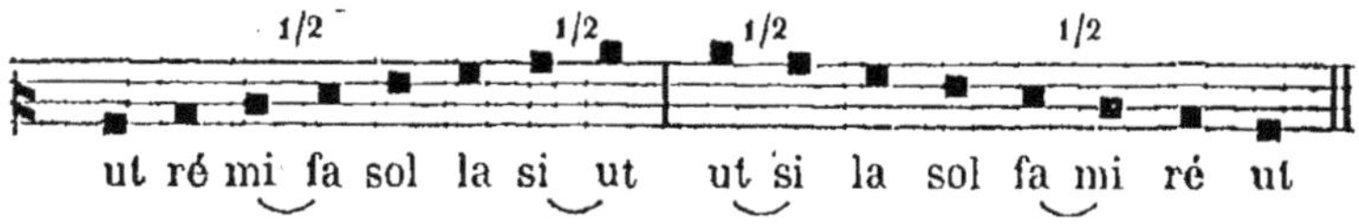

Le premier demi-ton est placé entre le troisième et le quatrième degré, et le second entre le septième et le huitième.

Ainsi, la gamme peut se présenter sous sept aspects différents, à cause de la disposition variée des deux demi-tons. Il résulte de là que chaque échelle diatonique donne un caractère particulier au morceau de plain-chant composé dans son étendue et à l'aide des éléments qui la constituent.

Chaque morceau de plain-chant appartient à l'une des sept échelles diatoniques. Cependant il peut arriver qu'un morceau soit écrit trop haut ou trop bas pour être chanté facilement, et qu'il soit nécessaire de le placer dans une autre échelle diatonique. Dans ce cas, les demi-tons de la nouvelle échelle ne sont point disposés comme ceux de l'échelle sur laquelle le morceau a été primitivement écrit; mais au moyen du bémol qui baisse la note *si* d'un demi-ton, on fait disparaître aisément le défaut de coïncidence des tons et des demi-tons, et l'on forme une nouvelle échelle analogue à l'échelle primitive et régulière. Cette opération s'appelle transposition :

ÉCHELLE D'UT.

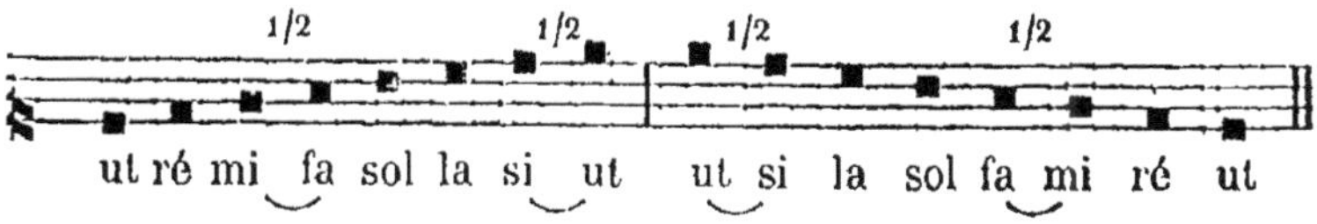

ÉCHELLE ANALOGUE COMMENÇANT PAR FA.

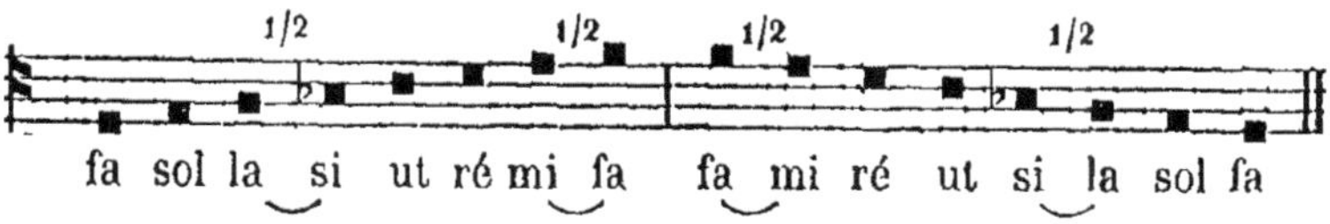

Ainsi, grâce au bémol, l'analogie est parfaite, et dans les deux échelles les demi-tons sont placés entre le troisième et le quatrième degré, et entre le septième et le huitième.

Autre exemple. — ÉCHELLE DE LA.

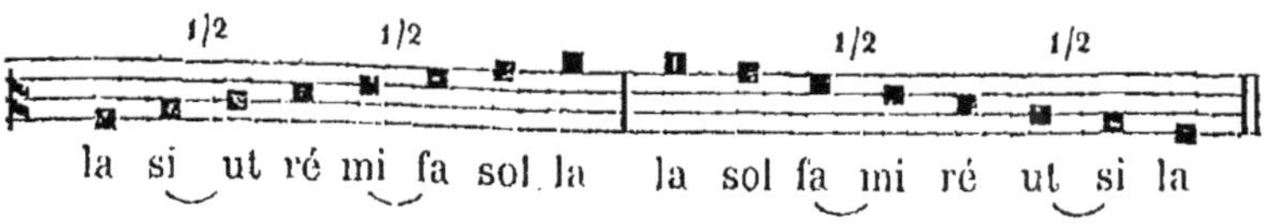

ÉCHELLE ANALOGUE COMMENÇANT PAR RÉ.

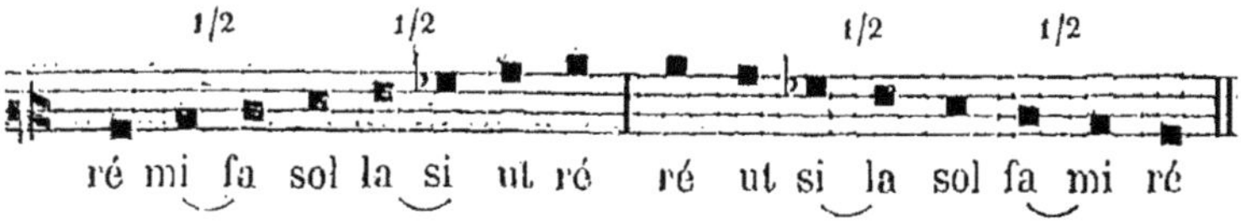

Dans ces deux échelles, les demi-tons sont aussi placés entre les mêmes degrés. On peut, au moyen du bémol, transposer ainsi toutes les autres échelles diatoniques. (Voy. notre *Méthode de plain-chant.*)

5. Les *degrés conjoints* sont ceux qui se suivent dans l'ordre même de la gamme ascendante ou descendante, à la distance d'un ton ou d'un demi-ton.

Les *degrés disjoints* sont, au contraire, ceux qui ne se suivent point dans l'ordre de la gamme, mais qui laissent entre eux des degrés intermédiaires, soit en montant, soit en descendant.

6. On appelle *unisson* deux ou plusieurs notes placées sur le même degré.

7. On donne le nom d'*intervalle* à la distance qui sépare un son grave d'un son aigu ou simplement une note d'une autre note.

8. L'intervalle d'un degré porte le nom de *seconde;* il est placé entre deux degrés conjoints, et par conséquent les deux notes qui le forment ne sont qu'à la distance d'un degré l'une de l'autre : *ut-ré.*

Tous les autres intervalles sont placés entre deux *degrés disjoints*. L'intervalle de deux degrés, UT-*ré*-MI, s'appelle *tierce;* celui de trois degrés, UT-*ré-mi*-FA, *quarte;* celui de quatre degrés, UT-*ré-mi-fa*-SOL, *quinte;* celui de cinq degrés

UT-*ré-mi-fa-sol*-LA, *sixte;* celui de six degrés, UT-*ré-mi-fa-sol-la*-SI, *septième*, et enfin celui de sept degrés, UT-*ré-mi-fa-sol-la-si*-UT, prend le nom d'*octave*. On voit que les secondes, tierces, quartes, quintes, sixtes, septièmes et octaves renferment un intervalle de moins que leur nom ne semble l'indiquer.

TABLEAU DES INTERVALLES

(En montant).

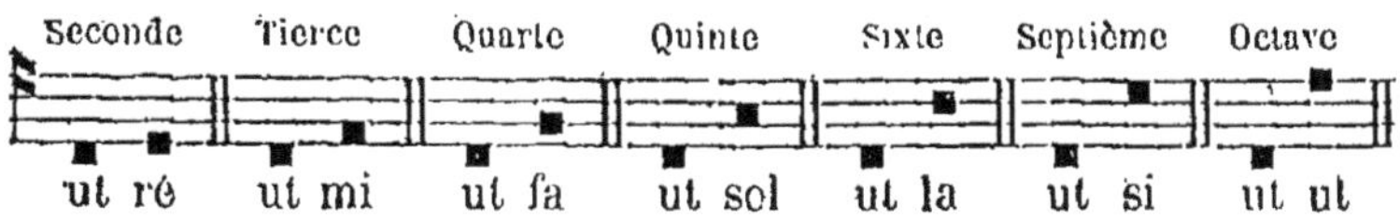

(En descendant).

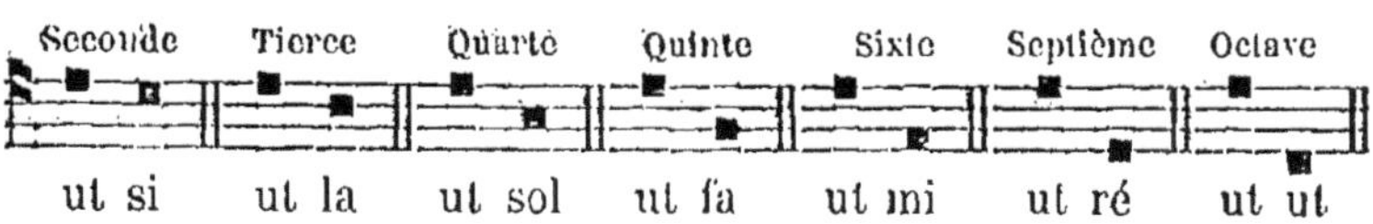

9-10. Tous les intervalles, à l'exception de l'octave, peuvent être plus ou moins grands. La présence des demi-tons dans la gamme en est la cause. Il est évident qu'un intervalle qui renferme un demi-ton est plus petit que celui qui, composé du même nombre de degrés, n'est formé que par des tons entiers. Nous allons parcourir successivement les intervalles en faisant remarquer les différences de grandeur qui existent entre chacun d'eux.

Lorsque la seconde renferme un ton entier, elle se nomme *seconde majeure;* lorsqu'elle ne renferme qu'un demi-ton, elle prend le nom de *seconde mineure*.

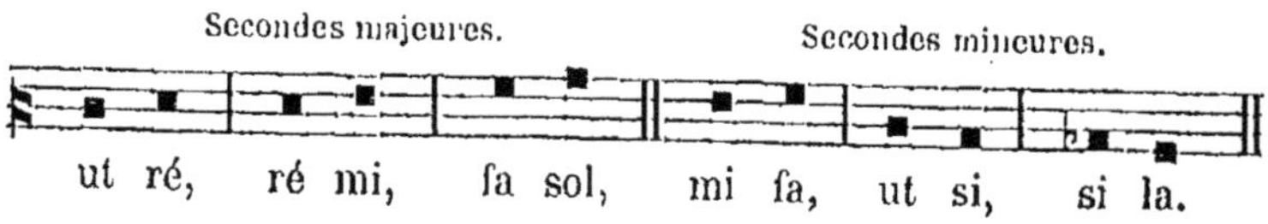

Lorsque la tierce renferme deux tons, elle porte le nom de *tierce majeure ;* si elle ne contient qu'un ton et un demi-ton, elle est *mineure.*

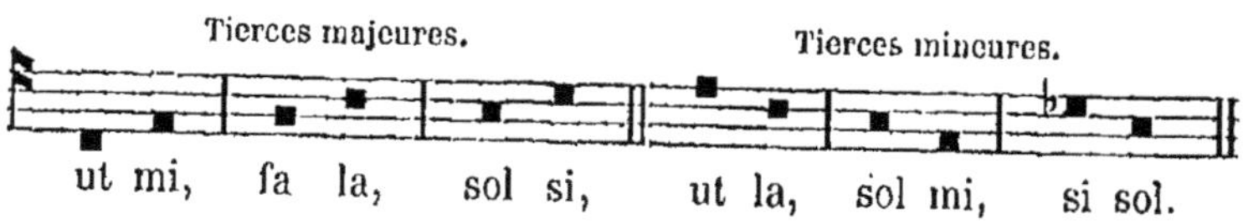

D'*ut* à *ré*, il y a un ton, et de *ré* à *mi*, un ton également; l'intervalle d'*ut* à *mi* contient donc deux tons entiers et forme une tierce majeure. D'*ut* à *si*, il y a un demi-ton, de *si* à *la*, un ton; l'intervalle d'*ut* à *la* ne contient donc qu'un ton et un demi-ton, et constitue, par conséquent, une tierce mineure.

La quarte peut se présenter sous deux aspects différents, soit composée de deux tons et d'un demi-ton, soit renfermant trois tons. Dans le premier cas, elle est appelée *quarte juste;* dans le second cas, *quarte augmentée* ou *triton.* La quarte juste est seule employée dans le plain-chant. Toutes les fois qu'on rencontre une quarte augmentée, par exemple *fa si*, on doit la rendre juste en baissant le *si* d'un demi-ton au moyen du bémol.

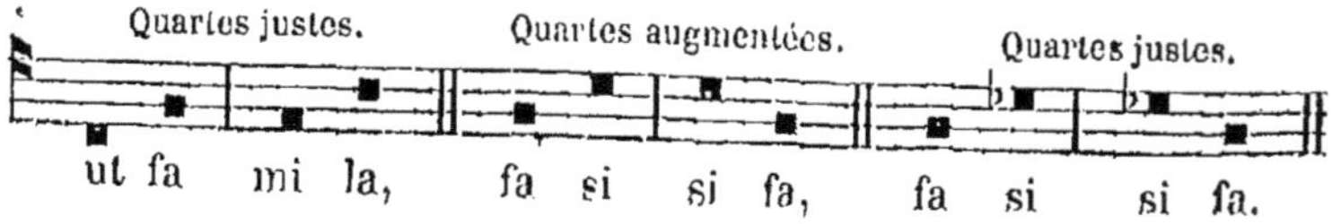

D'*ut* à *ré*, il y a un ton ; de *ré* à *mi*, un ton, et de *mi* à *fa* un demi-ton ; par conséquent, la quarte *ut fa* est juste. En calculant ainsi les tons et les demi-tons, on reconnaîtra que la quarte augmentée *fa si* renferme trois tons, et que la quarte juste *fa si bémol* ne contient que deux tons et un demi-ton.

La quinte employée dans le plain-chant est composée de trois tons et d'un demi-ton. On la nomme *quinte juste.* La *quinte diminuée* ou *fausse quinte* renferme deux tons et deux demi-tons ; on la rend juste au moyen du bémol.

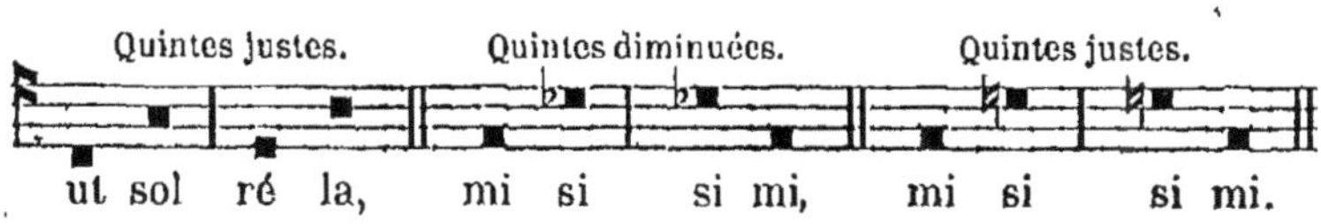

L'intervalle de sixte, et surtout celui de septième, ne doivent pas se rencontrer dans les morceaux composés d'après les règles de l'art. Cependant il est nécessaire de connaître la composition de ces intervalles, parce qu'ils peuvent se présenter en passant d'un morceau à un autre morceau.

Il y a deux espèces de sixtes : la *sixte majeure* et la *sixte mineure.* La sixte majeure contient quatre tons et un demi-ton. La sixte mineure ne contient que trois tons et deux demi-tons.

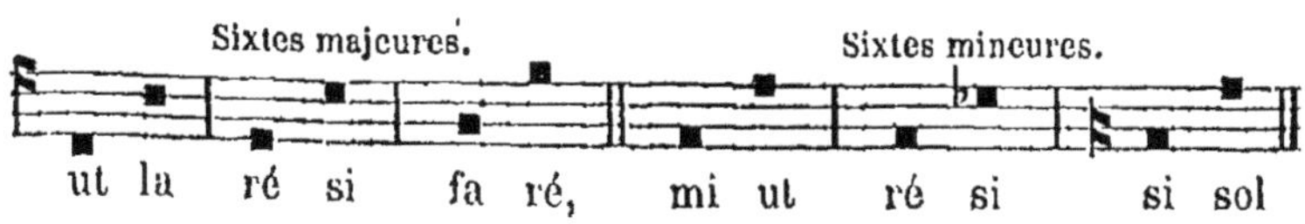

On voit que la sixte majeure *ré si* peut devenir mineure au moyen du bémol.

La septième est aussi majeure ou mineure. La *septième majeure* renferme cinq tons et un demi-ton ; la *septième mineure* contient quatre tons et deux demi-tons.

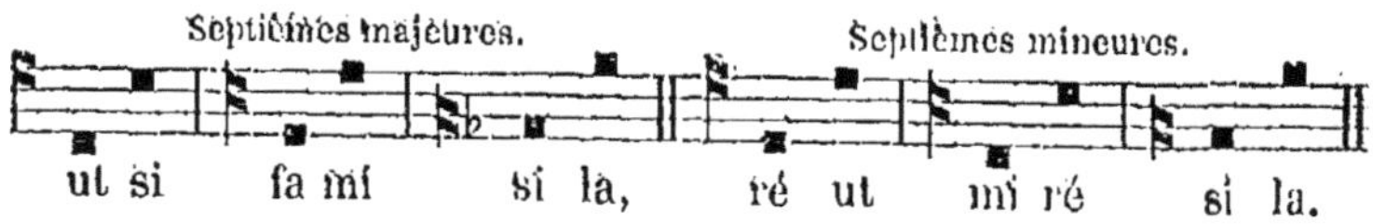

Il faut remarquer que la septième *si la* n'est majeure qu'à cause du bémol.

11. L'*octave* se compose des sept notes de la gamme auxquelles on ajoute une huitième note, qui n'est que la répétition à l'aigu de la première. La gamme renferme toujours cinq tons et deux demi-tons.

5ᴱ, 6ᴱ, 7ᴱ ET 8ᴱ TABLEAUX.

EXERCICES SUR LES DEGRÉS CONJOINTS ET SUR LES DEGRÉS DISJOINTS. — EXERCICES SUR LES VALEURS, SUR LE BÉMOL ET LE BÉCARRE, SUR LE DIÈSE, SUR LES CHANGEMENTS DE CLEFS. — EXERCICES DE VOCALISATION. — EXERCICES DE CHANT AVEC LES PAROLES.

La *lecture* est l'exécution mentale, vocale ou instrumentale d'un morceau de plain-chant à l'aide de l'intelligence parfaite des signes qui ont concouru à sa composition et de la relation qui existe entre eux.

Dans les trois premiers tableaux, nous avons fait connaître les signes; dans le quatrième tableau, nous avons exposé les rapports qui existent entre ces signes; l'élève qui a parfaitement compris les principes que nous avons établis dans ces tableaux est en état de passer aux exercices de lecture.

L'*art de solfier* consiste dans la connaissance et l'exécution, par le moyen du chant, des notes qui composent un morceau, en observant exactement tous les signes dont ces notes sont accompagnées.

Le chant des notes sur les syllabes qui les désignent s'appelle *solmisation.*

La principale difficulté que rencontre un élève dans l'exercice du solfége est l'appréciation rapide et exacte des rapports des sons entre eux, autrement dit des intervalles qui les séparent. De cette appréciation juste ou fausse dépend une *intonation* bonne ou vicieuse. Il convient en premier lieu de bien choisir l'intonation de la première note du morceau; ensuite de s'en servir comme d'une unité de comparaison pour chanter les autres notes en faisant intérieurement le calcul des tons et des demi-tons que la voix doit franchir soit en montant, soit en descendant. Après des exercices minutieux et multipliés, l'élève solfiera exactement sans se livrer à cette supputation fastidieuse; les yeux et la voix se familiariseront avec les intervalles; les noms des notes rappelleront aisément à l'esprit la distance qui existe entre elles; la composition du morceau et les inflexions particulières au plain-chant entraîneront l'intelligence la plus paresseuse, et c'est alors seulement que l'élève solfiant facilement, et comme sans y penser, devra substituer aux noms des notes les syllabes du texte sacré.

Pour apprendre à chanter, il est donc absolument nécessaire de savoir le nom des notes avant que de les chanter, et les chanter parfaitement avant que d'y joindre les paroles. Ces trois choses se doivent faire l'une après l'autre pour apprendre à fond : autrement ce ne sera jamais que routine et confusion.

Les 5e, 6e, 7e et 8e tableaux contiennent des exercices variés d'intonation et de solfége. Que l'élève soit bien pénétré de cette vérité, que la connaissance ne donne pas la pratique et l'usage. Il ne suffit pas d'étudier et de comprendre la théorie et les principes du plain-chant pour en apprécier les beautés, il faut aussi s'exercer à chanter en observant ces quatre règles importantes :

1° Se tenir debout, la poitrine élevée et la tête droite ;

(Si la classe est nombreuse, les élèves devront chanter assis, parce que, dans ce cas, le bon ordre, si nécessaire pour une étude qui exige une attention soutenue, le réclame absolument.)

2° Attaquer les sons d'une voix bien articulée, avec fermeté, sans crier, et maintenir, autant que possible, l'égalité des vibrations ;

3° S'écouter chanter soi-même ;

4° Prendre la respiration sans effort, et la ménager autant que possible.

Le cinquième tableau renferme particulièrement des exercices sur les degrés conjoints et les degrés disjoints. Nous avons fait entrer tous les intervalles dans ces exercices, sans cependant les présenter avec cette régularité systématique qui fait que l'élève s'habitue plutôt à la tonalité de la musique moderne qu'à la tonalité du plain-chant.

Le sixième tableau renferme des exercices sur les valeurs, sur le bémol et le bécarre, et sur les changements de clefs. L'élève devra s'habituer à bien marquer la différence qui existe entre les notes longues, communes et brèves, et donner à la longue le temps qu'il retranche à la brève qui la suit.

Quand l'élève aura solfié les notes qui composent les exercices des cinquième et sixième tableaux, il lui faudra désormais appliquer les notes aux syllabes du texte sacré. L'appréciation des intervalles ne pourra dès lors s'opérer que mentalement ; aussi ne devra-t-il passer outre que lorsqu'il aura acquis dans le chant cette présence d'esprit et cette sécurité que donnent la connaissance et l'habitude. Cependant, pour faciliter la transition de l'articulation des notes à celle des syllabes du texte, nous allons indiquer une méthode à suivre.

On appelle *vocalisation* le chant des notes sur une des voyelles *a*, *e*, *i*, *o*, *u*, par exemple :

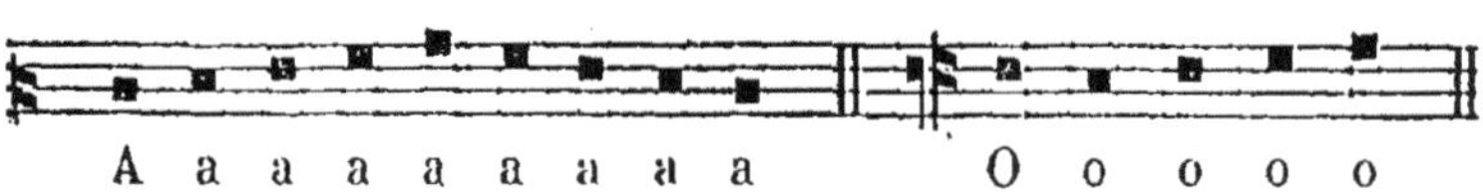

Cet exercice est très-propre à développer la voix ; mais il ne l'est pas au même degré pour apprendre à passer du solfége au chant des paroles. Car, si les voyelles donnent le son aux vocables, les consonnes donnent aux voyelles un caractère et même un sens particuliers. Il faut donc s'exercer à articuler les consonnes tout en vocalisant, afin d'arriver par degrés à chanter sans peine et à première vue un morceau de plain-chant. Les notes de la gamme nous serviront pour joindre l'articulation à la vocalisation, et préparer l'élève à exécuter les morceaux qui terminent le septième tableau et qui remplissent le huitième tableau. Dans les exercices de vocalisation qui sont en tête du septième tableau, on chantera le nom des notes toutes les fois qu'il sera marqué, et on prolongera la voyelle en chantant jusqu'à ce que l'on rencontre le nom d'une autre note exprimée.

A la fin du septième tableau et dans le huitième nous donnons, par anticipation, huit exemples tirés de la liturgie et appartenant chacun à un mode différent pour exercer l'élève au chant des paroles, et l'habituer d'avance à la constitution tonale du plain-chant dont l'étude fournira la matière du neuvième tableau.

9ᴱ TABLEAU.

TONS OU MODES DU PLAIN-CHANT.

---

1. Il y a dans le plain-chant huit *modes* ou *tons* qui sont caractérisés, 1° par les divisions de l'échelle qui sert à les former ; 2° par les limites de leur octave ; 3° par leur finale ; 4° par leur dominante ; 5° par la nature de leur quarte et de leur quinte.

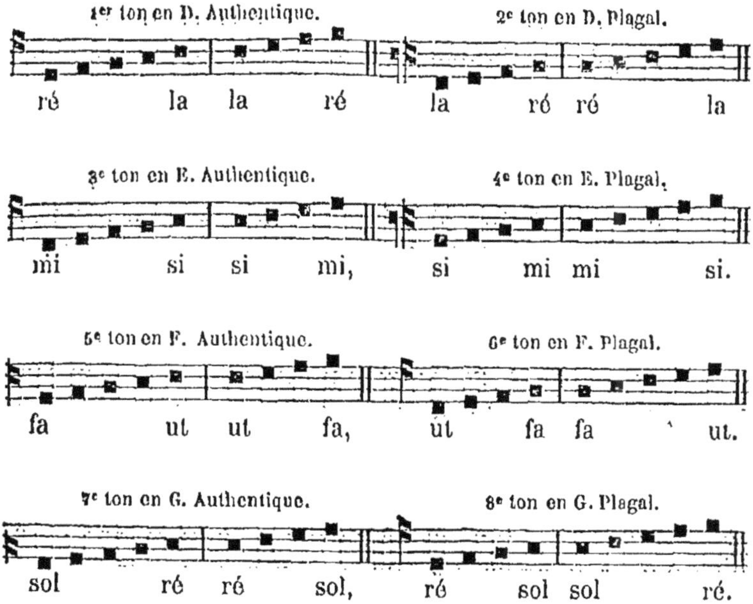

2. Les tons impairs, c'est-à-dire le premier, le troisième, le cinquième et le septième, sont appelés *tons authentiques.*

L'échelle de D *ré*, divisée en une quinte juste *ré la* et une quarte juste *la ré* forme le premier mode ou ton.

L'échelle de E *mi*, divisée en une quinte juste *mi si* et une quarte juste *si mi*, forme le troisième ton.

L'échelle de F *fa*, divisée en une quinte juste *fa ut* et une quarte juste *ut fa*, forme le cinquième ton.

L'échelle de G *sol*, divisée en une quinte juste *sol ré* et une quarte juste *ré sol*, forme le septième ton.

Les tons pairs, c'est-à-dire le deuxième, le quatrième, le sixième et le huitième sont nommés *tons plagaux*. Il existe une relation étroite entre chacun de ces tons et le ton authentique précédent : le premier et le deuxième tons ont la même quinte et la même quarte, et il en est de même du troisième et du quatrième, du cinquième et du sixième, et enfin du septième et du huitième. Mais, dans le ton authentique, la quarte est à l'aigu et au-dessus de la quinte, tandis que dans le ton plagal qui le suit, la quarte est au grave et au-dessous de la quinte. Il résulte de cette différence dans la position de la quarte et de la quinte que le ton plagal descend une quarte plus bas que le ton authentique précédent, et que le ton authentique monte, au contraire, une quarte plus haut que le ton plagal suivant.

Ainsi, le premier ton authentique a la quinte *ré la* au grave et la quarte *la ré* à l'aigu ; nous aurons le deuxième ton, le ton plagal qui lui correspond, en transportant la quarte *la ré* au grave et au-dessous de la quinte *ré la* :

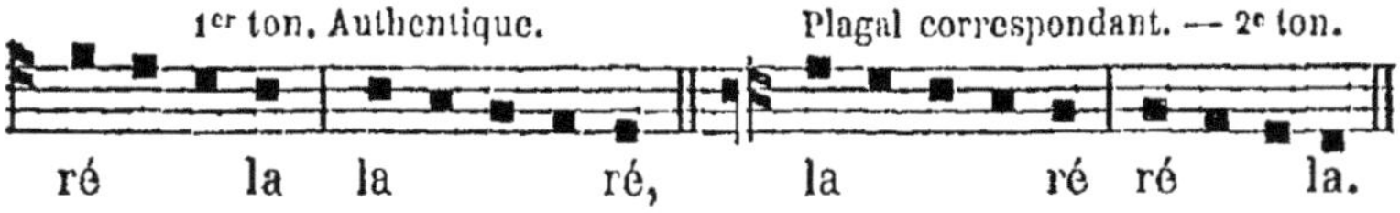

Le troisième ton authentique a la quinte *mi si* au grave et la quarte *si mi* à l'aigu ; nous aurons le quatrième ton, le ton plagal qui lui correspond, en transportant la quarte *si mi* au grave et au-dessous de la quinte *mi si* :

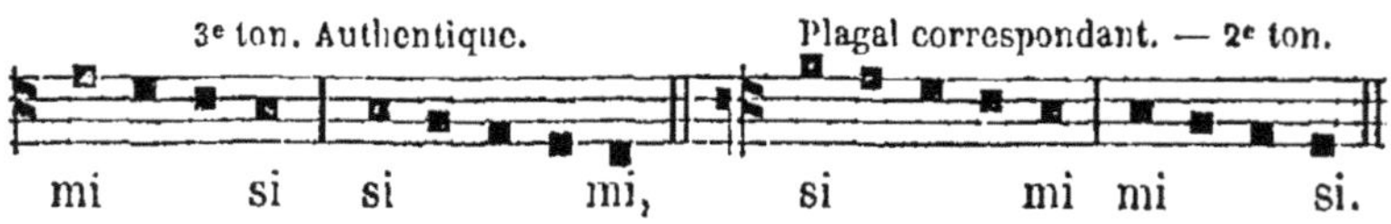

Le cinquième ton authentique a la quinte *fa ut* au grave et la quarte *ut fa* à l'aigu ; nous aurons le sixième ton, le ton plagal correspondant, en transportant la quarte *ut fa* au grave et au-dessous de la quinte *fa ut* :

5e ton. Authentique. Plagal correspondant. — 6e ton.

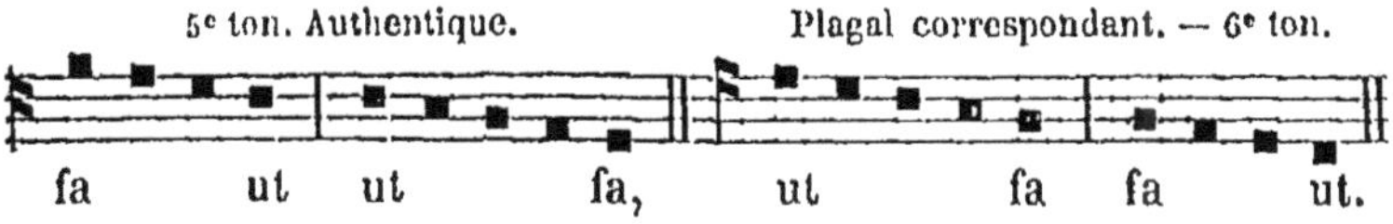

Le septième ton authentique a la quinte *sol ré* au grave et la quarte *ré sol* à l'aigu ; nous aurons le huitième ton, le ton plagal correspondant, en transportant la quarte *ré sol* au grave et au-dessous de la quinte *sol ré* :

7e ton. Authentique. Plagal correspondant. — 8e ton.

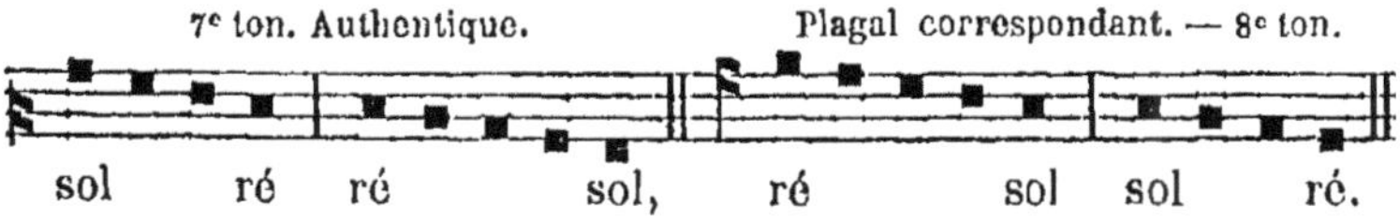

Les modes ou tons impairs sont appelés *authentiques*, parce que leur usage paraît avoir été le plus ancien dans l'Église, et passe pour remonter au temps où saint Ambroise régla la liturgie. Le mot *plagal* signifie oblique, transversal ; les tons pairs ont reçu cette dénomination à cause de la quarte grave qui les distingue, et qui est le produit de la quinte de l'authentique renversée. Saint Grégoire admit l'usage des tons plagaux dans la composition des chants sacrés.

3. Les huit tons du plain-chant embrassent théoriquement une octave d'étendue. La première note de cette octave est, dans les tons authentiques, la note la plus grave de la quinte, et, dans les tons plagaux, la note la plus grave de la quarte ; ce qui résulte nécessairement de ce que les tons plagaux descendent une quarte plus bas que les tons authentiques auxquels ils correspondent.

ÉTENDUE DES HUIT TONS.

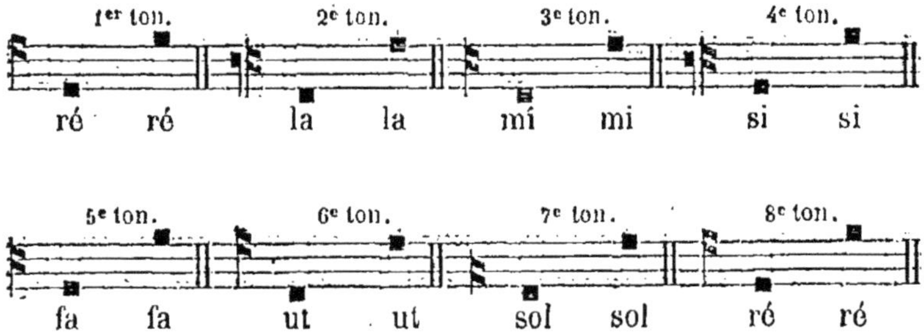

Nous verrons plus loin qu'en fait les tons du plain-chant n'atteignent pas toujours les limites de l'octave, et que quelquefois ils les dépassent.

4. La *finale* d'un ton est la note qui termine régulièrement tout morceau composé dans son échelle diatonique. La note la plus grave de la quinte qui entre dans la constitution d'un ton, est en même temps sa note finale. Par conséquent, la finale d'un ton authentique et celle du ton plagal qui lui correspond, est la même : ainsi, le premier et le deuxième tons ont pour finale RÉ, le troisième et le quatrième MI, le cinquième et le sixième FA, le septième et le huitième SOL.

5. Après la finale, la note la plus essentielle d'un morceau est la *dominante*. On appelle dominante la note qui domine généralement dans le morceau, et sur laquelle se chante le corps des versets d'un psaume. Cette note est déterminée par les règles suivantes :

1° Les tons impairs ont pour dominante la quinte au-dessus de leur finale.

2° Les tons pairs ont pour dominante la tierce au-dessous de la dominante du ton authentique auquel il correspond.

3° La dominante ne saurait être placée sur la note variable *si* à cause du changement de place du demi-ton.

En conséquence de cette dernière règle, le troisième ton ne peut avoir pour dominante la quinte de sa finale *mi* qui est le *si*. On lui a donné pour dominante la sixte *ut*. De même, le huitième ton ne pouvant avoir pour dominante la tierce inférieure de la dominante du septième ton, qui est *si*, on lui a donné la note au-dessus, *ut*.

TABLEAU DES FINALES ET DES DOMINANTES.

	FINALES.	DOMINANTES.
PREMIER TON.	Ré.	La.
DEUXIÈME TON.	Ré.	Fa.
TROISIÈME TON.	Mi.	Ut.
QUATRIÈME TON.	Mi.	La.
CINQUIÈME TON.	Fa.	Ut.
SIXIÈME TON.	Fa.	La.
SEPTIÈME TON.	Sol.	Ré.
HUITIÈME TON.	Sol.	Ut.

6. Les quintes et les quartes qui entrent dans la composition des modes ou tons du plain-chant, diffèrent de nature par la position diverse de leurs demi-tons.

Ainsi, dans le premier et le deuxième ton, la quinte *ré la* et la quarte *la ré* ont le demi-ton du deuxième au troisième degré :

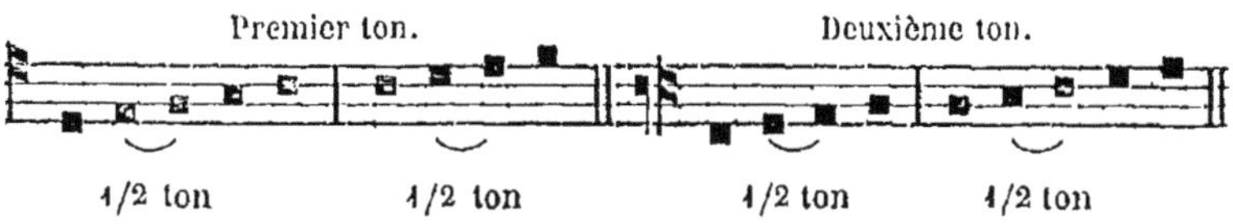

Dans le troisième et le quatrième ton, la quinte *mi si* et la quarte *si mi* ont le demi-ton du premier au deuxième degré :

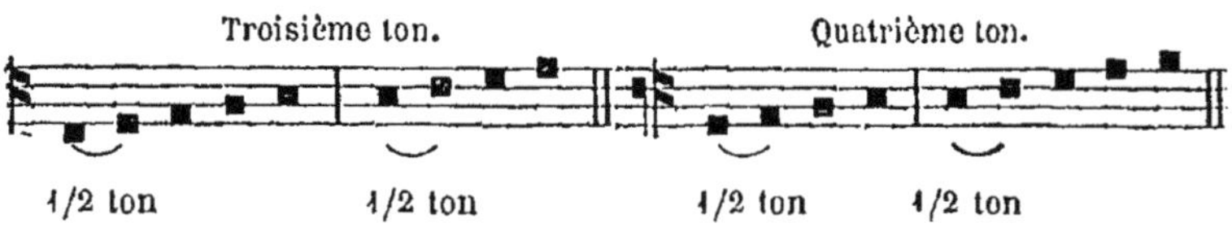

Dans le cinquième et le sixième ton, la quinte *fa ut* a le demi-ton du quatrième au cinquième degré, et la quarte *ut fa* a le demi-ton du troisième au quatrième degré :

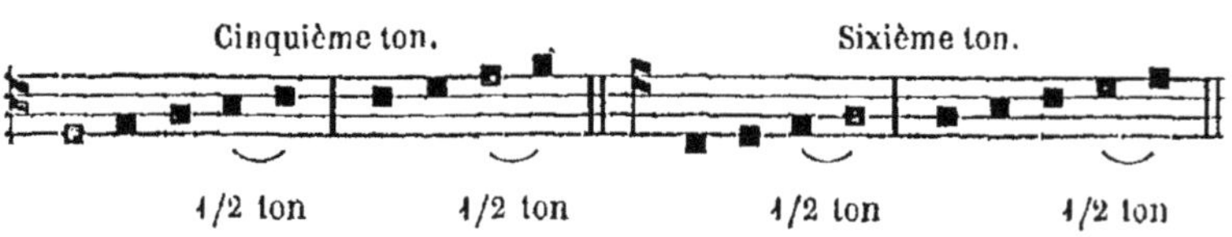

Dans le septième et le huitième ton, la quinte *sol ré* a le demi-ton du troisième au quatrième degré, et la quarte *ré sol* a le demi-ton du second au troisième degré :

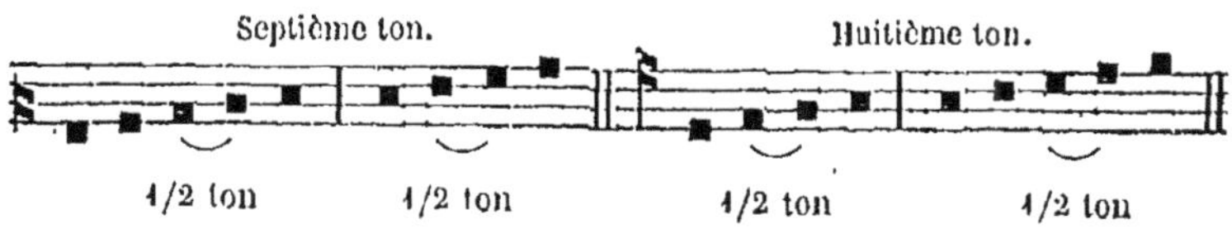

Bien que le huitième ton soit renfermé dans la même octave que le premier, on ne saurait confondre ces deux tons l'un avec l'autre. En effet, le premier ton est authentique, et sa quinte est, par conséquent, au bas de son échelle, tandis que le huitième ton étant plagal, a la quinte dans le haut. D'ailleurs ces deux quintes sont dissemblables à cause de la place qu'occupe le demi-ton.

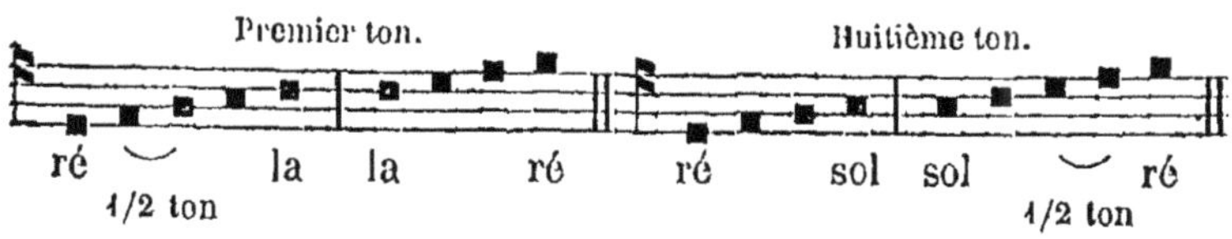

Enfin, la finale du premier ton est *ré*, celle du huitième *sol;* la dominante du premier ton est *la*, celle du huitième est *ut*.

Le système de notre plain-chant tire son origine de la musique des Grecs à laquelle saint Ambroise, saint Grégoire et d'autres grands hommes ont emprunté les éléments essentiels qui leur ont servi dans la composition des chants de la liturgie. Aussi avons-nous retenu les noms anciens des huit tons du plain-chant. Les noms des tons authentiques sont précédés de la préposition grecque *hyper*, *sur*, qui marque leur supériorité sur les tons plagaux désignés par la préposition *hypo*, *sous*. La préposition *hyper* est souvent sous-entendue, la préposition *hypo* est toujours exprimée. Ainsi,

Le premier ton est appelé	*hyper-Dorien* ou *Dorien*........	Tons authentiques.
Le troisième............	*hyper-Phrygien* ou *Phrygien*....	
Le cinquième...........	*hyper-Lydien* ou *Lydien*.........	
Le septième............	*hyper-Mixolydien* ou *Mixolydien*.	
Le deuxième ton est appelé	*hypo-Dorien*..................	Tons plagaux.
Le quatrième...........	*hypo-Phrygien*................	
Le sixième.............	*hypo-Lydien*..................	
Le huitième............	*hypo-Mixolydien*..............	

7. Il est utile de faire ici une description succincte de chacun des huit tons en forme de récapitulation. Nous ferons connaître en même temps les repos qui leur sont particuliers, c'est-à-dire les notes sur lesquelles la mélodie semble décliner et s'arrêter de préférence.

Le *premier ton* est authentique; sa quinte *ré la* est au grave, sa quarte *la ré* est à l'aigu. Il parcourt l'octave RÉ, *mi*, *fa*, *sol*, LA, *si*, *ut*, RÉ ; sa finale est le *ré* grave et sa dominante *la*. Les demi-tons de sa quinte et de sa quarte sont placés entre le second et le troisième degré. On l'appelle *Dorien* ou *hyper-Dorien*. Il peut avoir ses repos sur sa finale et sur sa dominante, sur le *fa*, sur l'*ut* au-dessous de sa finale, plus rarement sur le *mi* et le *sol*. Quelquefois on trouve des repos sur le *ré aigu*, comme dans la prose *Veni*, *sancte Spiritus* et dans le *Credo* de la messe de Dumont. Ce premier ton a un caractère de grandeur et de majesté qui l'a fait souvent préférer aux autres. Le cardinal

Bona[1] affirme que Platon et Aristote le regardaient comme très-propre à exprimer les grandes choses.

PREMIER TON EN D. AUTHENTIQUE.

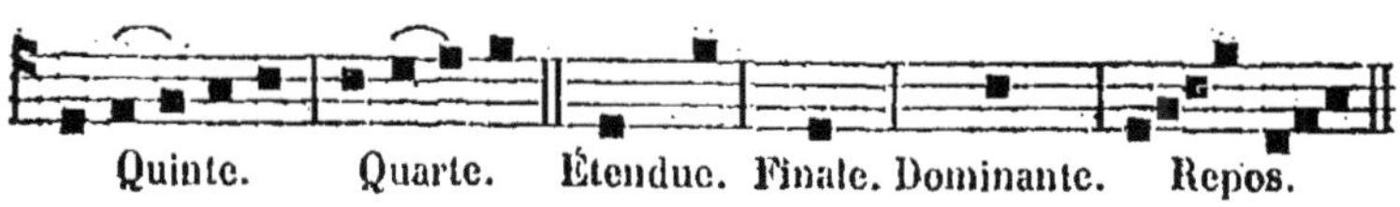

Le *deuxième ton* est plagal; sa quarte *la ré* est au grave, sa quinte *ré la* est à l'aigu. Il parcourt l'octave *la*, *si*, *ut*, RÉ, *mi*, FA, *sol*, *la;* sa finale est *ré*, sa dominante *fa*. Les demi-tons de sa quarte et de sa quinte sont, comme dans le premier ton, placés entre le second et le troisième degré. On l'appelle *hypo-Dorien*. Il peut avoir ses repos sur sa finale et sur sa dominante, sur le *la* grave et le *la* aigu, plus rarement sur le *mi*, et sur le *sol* au-dessous de sa finale. C'est le plus grave de tous les tons; aussi est-il employé assez généralement pour exprimer la tristesse et l'humilité.

DEUXIÈME TON EN D. PLAGAL.

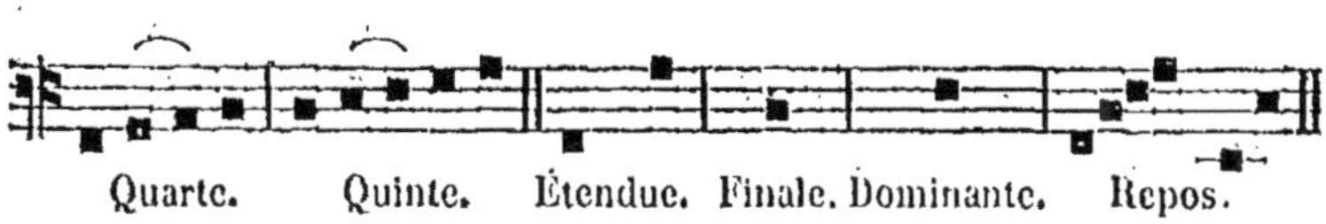

8. Le *troisième ton* est authentique; sa quinte *mi si* est au grave, sa quarte *si mi* est à l'aigu. Il parcourt l'octave MI, *fa*, *sol*, *la*, *si*, UT, *ré*, *mi;* sa finale est le *mi* grave

[1] *De Cantu eccl.*, § 17, IV, 1.

et sa dominante *ut* à la sixte au-dessus de sa finale. Les demi-tons de sa quinte et de sa quarte sont placés entre le premier et le second degré. On l'appelle *Phrygien* ou *hyper-Phrygien*. Il peut avoir ses repos sur sa finale et sur sa dominante, sur sa quinte *si*, sur le *sol*, sur le *la* et sur le *ré* au-dessous de sa finale. Ce ton a des progressions vives et hardies qui ne manquent pas cependant de douceur. C'est celui de tous les tons d'église qui s'éloigne le plus de notre tonalité moderne.

TROISIÈME TON EN E. AUTHENTIQUE.

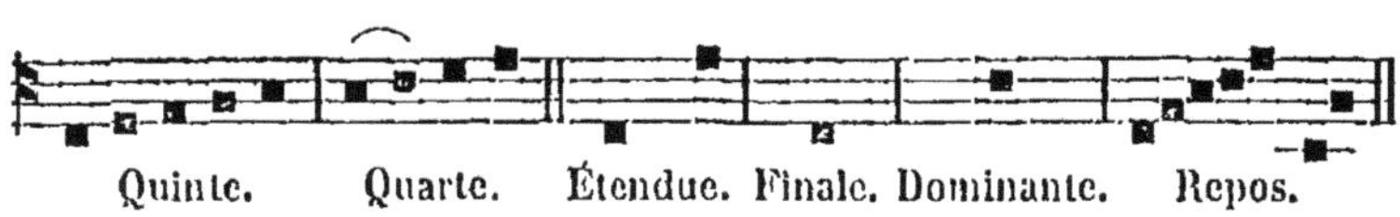

Le *quatrième ton* est plagal; sa quarte *si mi* est au grave, sa quinte *mi si* est à l'aigu. Il parcourt l'octave *si*, *ut*, *ré*, MI, *fa*, *sol*, LA, *si;* mais, comme il est moins étendu que les autres tons, il n'atteint que rarement la première note grave *si*. Sa finale est *mi* grave et sa dominante *la* à la quarte au-dessus de sa finale. Les demi-tons de sa quarte et de sa quinte sont, comme dans le troisième ton, placés entre le premier et le second degré. On l'appelle *hypo-Phrygien*. Il peut avoir ses repos sur sa finale, sur le *sol* et le *la*, sur le *ré* et l'*ut* au-dessous de sa finale. Le principal caractère de ce ton est une sorte de mélancolie douce avec laquelle notre harmonie moderne ne s'accorde pas mieux que dans le ton précédent.

QUATRIÈME TON EN E. PLAGAL.

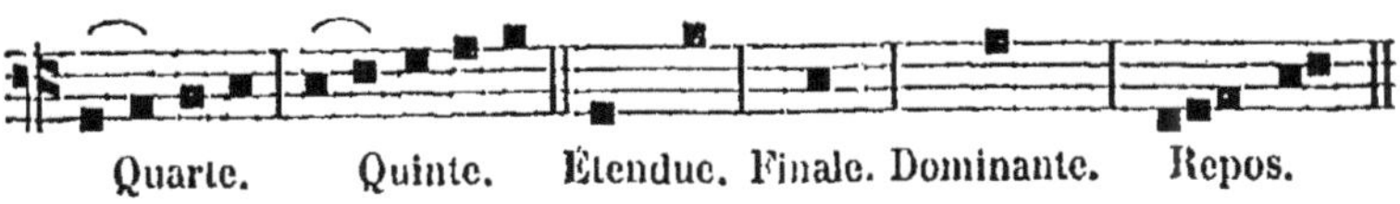

9. Le *cinquième ton* est authentique; sa quinte *fa ut* est au grave et sa quarte *ut fa* est à l'aigu. Il parcourt l'octave FA, *sol*, *la*, *si*, UT, *ré*, *mi*, *fa*; sa finale est *fa* grave et sa dominante *ut* à la quinte de la finale. Le demi-ton de sa quinte est entre le quatrième et le cinquième degré, et le demi-ton de sa quarte entre le troisième et le quatrième. On l'appelle *Lydien* ou *hyper-Lydien*. Il peut avoir ses repos sur la finale et la dominante, sur le *la*, et très-rarement sur le *sol*. Ce ton et le suivant se prêtent plus facilement que les autres à notre harmonie moderne, par cette raison qu'ils sont le point de départ de notre système musical actuel. Le cinquième ton a été justement appelé *lætus*, joyeux, par les anciens, car il rend merveilleusement les accents d'allégresse, les chants de victoire et de triomphe.

CINQUIÈME TON EN F. AUTHENTIQUE.

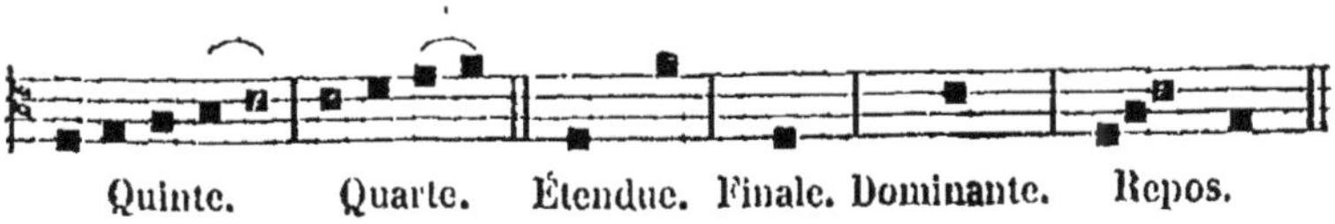

Le *sixième ton* est plagal; sa quarte *ut fa* est au grave, et sa quinte *fa ut* est à l'aigu. Il parcourt l'octave *ut*, *ré*, *mi*, FA, *sol*, LA, *si*, *ut;* sa finale est *fa* grave et sa dominante *la* à la tierce au-dessus de la finale. Le demi-ton de sa quarte est entre le troisième et le quatrième degré, et le demi-ton de sa quinte entre le quatrième et le cinquième degré, comme dans le cinquième ton. On l'appelle *hypo-Lydien*. Il peut avoir ses repos sur sa finale et sa dominante, sur l'*ut* grave et l'*ut* aigu, sur le *ré* au-dessous de sa finale, et quelquefois sur le *sol*. Les progressions de ce ton ont lieu ordinairement par degrés conjoints, ce qui lui donne de la douceur et de l'onction.

SIXIÈME TON EN F. PLAGAL.

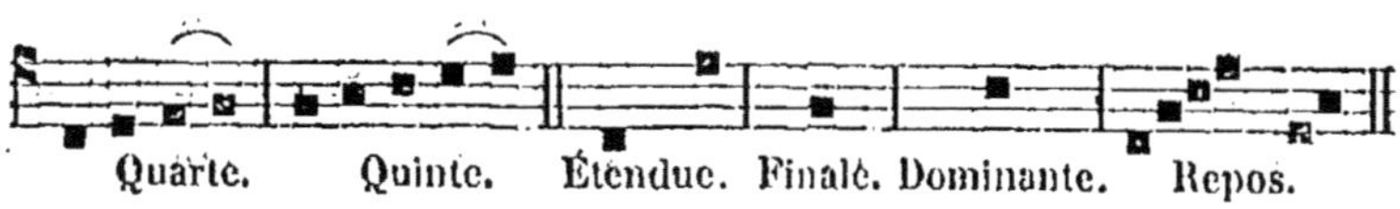

10. Le *septième ton* est authentique; sa quinte *sol ré* est au grave, sa quarte *ré sol* est à l'aigu. Il parcourt l'octave SOL, *la*, *si*, *ut*, RÉ, *mi*, *fa*, *sol*; sa finale est le *sol* du *medium* et sa dominante *ré aigu* à la quinte de sa finale. Le demi-ton de sa quinte est entre le troisième et le quatrième degré, et le demi-ton de sa quarte entre le second et le troisième. On l'appelle *mixolydien*. Il peut avoir ses repos sur sa finale, sur le *si*, sur le *ré* sa dominante, sur le *mi*, sur le *fa* au-dessous de sa finale, enfin, mais rarement, sur l'*ut* et le *la*. C'est le plus élevé de tous les tons, et son caractère est la fermeté et l'éclat.

SEPTIÈME TON EN G. AUTHENTIQUE.

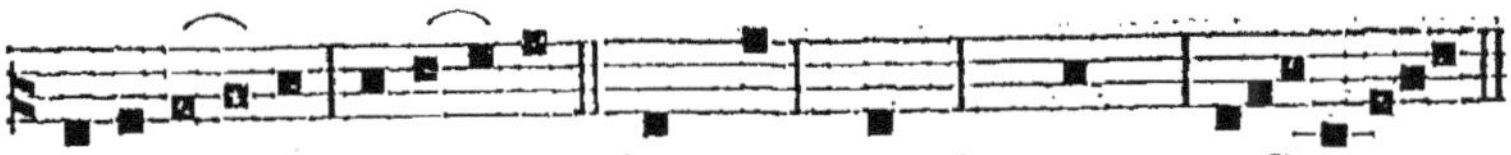

Le *huitième ton* est plagal ; sa quarte *ré sol* est au grave, sa quinte *sol ré* est à l'aigu. Il parcourt l'octave *ré*, *mi*, *fa*, SOL, *la*, *si*, UT, *ré*; sa finale est le *sol* du *medium* et sa dominante *ut* à la quarte de sa finale. Le demi-ton de sa quarte est entre le second et le troisième degré, et le demi-ton de sa quinte entre le troisième et le quatrième, comme dans le septième ton. On l'appelle *hypo-mixolydien*. Il peut avoir ses repos sur sa finale, sur le *si* et sur sa dominante *ut*, sur le *la*, sur le *fa* au-dessous de sa finale, sur le *ré* grave et quelquefois sur l'*ut* au-dessous de cette première note de son octave. Ce ton a le rare mérite de convenir à tous les genres d'expression; ce qui lui a valu l'épithète de *perfectus*. Il est particulièrement doux, harmonieux et propre aux narrations si fréquentes dans la liturgie. Aussi ce ton y est le plus employé.

HUITIÈME TON EN G. PLAGAL.

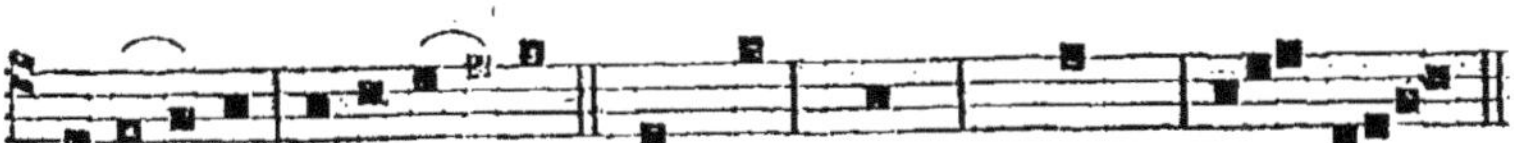

11. On appelle *ton parfait* celui qui parcourt son octave tout entière. Un ton qui monte d'un degré au-dessus de son

octave, ou qui descend d'un degré au-dessous ne cesse point d'être parfait, mais il est à la fois parfait et *surabondant*. Les morceaux du troisième ton parfait sont assez rares, et ceux du quatrième encore plus.

Le *ton imparfait* est celui qui n'atteint pas les deux notes extrêmes de son octave. Un ton authentique est imparfait, lorsqu'il ne s'élève pas jusqu'à l'octave de sa finale; un ton plagal est imparfait lorsqu'il ne descend pas à la quarte au-dessous de sa finale.

On nomme *ton surabondant* celui qui dépasse d'une, de deux ou de plusieurs notes les limites extrêmes de son octave. Les tons authentiques surabondants montent de plus d'une octave au-dessus de leur finale, et les tons plagaux surabondants descendent de plus d'une quarte au-dessous de leur finale.

Le *ton mixte* est celui qui emprunte plusieurs notes à son authentique, s'il est plagal, et à son plagal, s'il est authentique. L'authentique mixte descend de plus d'un ton au-dessous de sa finale; le plagal mixte monte de plus d'une sixte au-dessus de sa finale.

On nomme ton *commun parfait* le ton mixte qui atteint au grave et à l'aigu les limites de la double octave de l'authentique et du plagal. Par exemple, si un ton descend à la note la plus grave de la quarte du deuxième ton, et monte jusqu'à la note la plus élevée de la quarte du premier ton, ce ton est *commun parfait*, parce qu'il parcourt à la fois l'octave du premier ton et l'octave du deuxième ton.

Le ton *commixte* est celui dans lequel se rencontrent des phrases qui appartiennent à un autre ton que son plagal, s'il est authentique, ou que son authentique, s'il est plagal.

Le ton *régulier* est celui qui se termine par sa finale. Le ton *irrégulier* est celui qui finit par une autre note que sa finale régulière,

12. On reconnaît le ton d'une pièce de plain-chant : 1° par sa finale ; 2° par sa dominante ; 3° par la nature de la quinte et de la quarte de son échelle diatonique.

Lorsque le ton est régulier, et que l'on connaît la finale, il reste encore à savoir si ce ton est authentique ou plagal, puisque les huit tons sont accouplés deux à deux, et que chaque paire de tons a la même finale. Pour arriver à ce résultat, il faut se rappeler que les tons plagaux descendent de plusieurs notes au-dessous de leur finale, et qu'ils n'ont pas la même dominante que leurs authentiques.

Ainsi, d'une part, *ré* est la finale du premier et du deuxième ton ; mais le premier a pour dominante *la*, tandis que le second a pour dominante *fa*, et descend ordinairement de plusieurs notes au-dessous du *ré* final.

Mi est la finale des troisième et quatrième tons ; mais le troisième a pour dominante *ut*, et le quatrième *la* au-dessous duquel il descend de plus de cinq notes.

Fa est la finale du cinquième et du sixième tons; mais l'authentique a pour dominante *ut*, et le plagal *la*. Ce dernier descend communément à l'*ut* au-dessous de sa finale.

Enfin, *sol* est la finale des septième et huitième tons; *ré* est la dominante de l'authentique, *ut* est celle du plagal qui descend souvent au *ré* au-dessous de sa finale.

Toutefois, *la* étant la dominante des premier, quatrième et sixième tons; *ut* étant la dominante des troisième, cinquième et huitième tons, il est nécessaire de réunir la dominante à la finale pour discerner quel ton cet assemblage constitue.

Les règles précédentes suffisent généralement pour distinguer le ton d'une pièce de chant. Cependant il y a des morceaux qui ne se terminent point par la finale, ou qui offrent des notes assez fréquemment répétées pour que l'on risque de les confondre avec la dominante. Dans ces deux cas, il reste encore un moyen sûr et infaillible de distinguer le ton ; il consiste à chercher la quinte ou la quarte, et à déterminer le ton d'après la nature de l'une ou de l'autre, c'est-à-dire d'après la place qu'y occupe le demi-ton. Mais l'emploi de ce moyen exige une habitude et un tact qui ne peuvent se rencontrer chez ceux qui commencent l'étude du plain-chant. Nous l'indiquons ici pour leur faire comprendre toute l'importance de la quinte et de la quarte dans la constitution des tons, et pour appeler d'avance toute leur attention sur ce point. Quant à ceux qui sont en état de faire une étude plus approfondie de la tonalité du plain-chant, nous les renvoyons à notre méthode, dans laquelle ils trouveront tous les développements désirables sur cette importante question.

10e, 11e, 12e ET 13e TABLEAUX.

EXERCICES SUR LES HUIT TONS DU PLAIN-CHANT.

Le dixième tableau contient des morceaux tirés de la liturgie et appartenant aux premier et deuxième tons. Il est important de faire précéder l'exécution de ces morceaux d'une analyse abrégée des éléments constitutifs de chaque ton. (Voy. page 46.)

Le onzième tableau renferme des exercices sur les troisième et quatrième tons. (Voy. pages 47 et 48.)

Le douzième tableau offre des exercices sur les cinquième et sixième tons. (Voy. pages 49 et 50.)

Le treizième tableau se compose d'exercices sur les septième et huitième tons. (Voy. pages 80 et 81.)

14e TABLEAU.

DE LA PSALMODIE.

---

1. On entend par PSALMODIE le chant des *psaumes* de David et des *cantiques* tirés de l'Ancien et du Nouveau Testament.

2. Les psaumes et les cantiques sont divisés en *versets* qui offrent pour la plupart un sens complet. Le chant du premier verset s'appelle *intonation*, et se répète sur tous les versets suivants.

3. L'intonation se divise en quatre parties distinctes : 1° le *commencement* ou *intonation proprement dite;* 2° la *dominante*; 3° la *médiation*; 4° la *terminaison*.

4. Le *commencement* ou *intonation proprement dite* conduit le chant à une note sur laquelle on chante le corps du

verset. Cette note domine nécessairement; aussi l'appelle-t-on *dominante*. La *dominante* règne depuis la dernière note de l'intonation proprement dite jusqu'à la médiation ; elle reprend après la médiation, et se prolonge jusqu'au commencement de la terminaison.

La *médiation* est une inflexion de la voix ou une suite de sons qui s'opère vers le milieu du verset avant l'astérisque * qui le divise en deux parties. Elle est la même à tous les versets, à moins qu'il ne se rencontre un mot hébreu ou un monosyllabe, ou une avant-dernière syllabe brève. Ces circonstances donnent lieu à un léger changement dont nous parlerons plus loin.

La *terminaison* est une modulation qui sert de cadence finale à chaque verset. Elle est indiquée dans les livres par les voyelles des syllabes *sæculorum amen* qui terminent la doxologie *Gloria Patri* : E U O U A E. On a choisi les dernières paroles du *Gloria Patri* pour y placer ainsi les notes de la terminaison, parce que tous les psaumes et tous les cantiques, à de rares exceptions près, sont terminés par cette doxologie. La terminaison est la même pour tous les versets, sauf le cas où le dernier mot est un monosyllabe, ou lorsque l'avant-dernière syllabe est brève ; nous verrons qu'alors on lui fait subir un léger changement.

5. Le ton du psaume et du cantique est subordonné à celui de l'antienne qui les précède. L'antienne est un texte assez court que tout le chœur chante après le psaume, souvent même avant et après ; les versets du psaume ou du cantique sont, au contraire, chantés alternativement par le côté droit du chœur et par le côté gauche. Comme le psaume est, pour ainsi parler, la conséquence de l'antienne et fait

corps avec elle, il y a une relation étroite entre le commencement de l'antienne et la terminaison du psaume, de telle sorte qu'un chantre exercé connaît, en entendant les premières notes de l'antienne, la terminaison qu'il doit appliquer au psaume. (Voy. dans notre *Méthode*, ch. IV, § 4, les règles de ces rapports des antiennes avec les psaumes.)

6. Chaque ton du plain-chant a une intonation qui lui est propre et qui sert pour tous les psaumes et tous les cantiques du même ton. Elle se désigne par l'un des chiffres 1, 2, 3, 4, 5, 6, 7, 8. Comme les intonations sont des mélodies peu développées, elles n'offrent pas toujours en elles-mêmes tous les éléments constitutifs à l'aide desquels on peut découvrir le ton auquel elles appartiennent. Il faut faire la plus grande attention à leur dominante qui est toujours celle d'un ton auquel elles peuvent appartenir.

7. La terminaison est indiquée par l'une des sept premières lettres de l'alphabet A, B, C, D, E, F, G. L'une de ces lettres est toujours la note finale de la terminaison. Mais, comme le même ton de psaume peut avoir plusieurs terminaisons différentes, pour les désigner on emploie les mêmes lettres en leur donnant diverses formes. Tantôt elles sont majuscules, tantôt minuscules, tantôt droites, tantôt penchées, tantôt surmontées d'un accent ou affectées d'une cédille.

La *terminaison complète* a pour finale celle du ton auquel la mélodie du verset appartient. Elle est la plus solennelle, et on se sert d'une lettre majuscule pour la désigner.

La *terminaison incomplète* ne finit point par la note finale du ton ; ainsi, par exemple, elle finit par *fa* dans le premier ton au lieu de finir par *ré* ; par *la* dans le troisième ton au lieu de finir par *mi*. On désigne les terminaisons incomplètes par des lettres minuscules. Si un ton de psaume offre plusieurs terminaisons incomplètes sur la même note, on fait subir un léger changement à la lettre minuscule, en y ajoutant un accent ou une cédille.

8. Dans la psalmodie, les syllabes sont brèves, longues ou communes. Les dernières syllabes d'un mot suivi d'un monosyllabe sont toujours brèves. En général, on considère comme brèves, dans le plain-chant, les syllabes qu'on prononce brièvement, sans avoir égard aux lois de la prosodie latine, et comme longues les syllabes que l'usage a rendues longues; c'est ainsi que les premières syllabes des mots *Dominus* et *Deus* sont traitées comme longues.

9. Une syllabe brève ne peut entrer dans la formation de l'intonation, de la médiation ni de la terminaison.

10. Lorsque la médiation ou la terminaison commence par une note plus élevée que la dominante, on ne place jamais cette note sur une syllabe brève, mais on recule d'une syllabe avant la syllabe brève pour commencer l'une de ces parties du verset. Dans le même cas, on n'emploie pas non plus la dernière syllabe d'un mot, parce qu'elle est toujours considérée comme brève. La terminaison du quatrième ton fait exception à cette règle générale.

11. Si, au contraire, la médiation ou la terminaison commence par une note plus basse que la dominante, une syllabe brève et la dernière syllabe d'un mot servent à leur formation.

La raison de ces deux règles est fort simple. L'élévation de la voix au-dessus de la dominante, pour commencer l'une des divisions de la psalmodie, produit un son accentué avec lequel une syllabe brève correspond fort mal, tandis que l'abaissement de la voix au-dessous de la dominante semble en être une défaillance momentanée, et une syllabe brève ou la dernière syllabe d'un mot rend convenablement cet effet.

12. Lorsqu'il se trouve à la médiation un mot hébreu ou un monosyllabe, on arrête la médiation sur une note élevée d'un ton au-dessus de la dominante, mais seulement dans la psalmodie des deuxième, quatrième, cinquième et huitième tons

13. Il y a trois espèces d'intonations : 1° les *intonations solennelles;* 2° les *intonations festivales;* 3° les *intonations fériales*.

14. Les *intonations solennelles* ne sont d'usage qu'à la messe, et servent à chanter le verset du psaume qui suit l'introït. En ce cas, l'introït est une sorte d'antienne dont le ton indique celui de la psalmodie. Si l'introït est du premier ton, l'intonation du verset sera du premier ton, et ainsi pour les autres. Nous ne faisons que mentionner les intonations solennelles des versets des psaumes, parce qu'on les trouve notées tout entières dans le Graduel.

Les intonations solennelles servent aussi à chanter les deux versets de la doxologie *Gloria Patri*. Ces deux versets sont traités comme un seul auquel on donnerait deux médiations complètes et une seule terminaison. La première médiation a lieu sur *Spiritui sancto*, et la seconde sur *et nunc et semper*. Comme les mots *Gloria Patri*, *sæculorum amen*, sont les seuls qui soient notés dans le Graduel, nous donnons ici les huit formules de chant du *Gloria Patri*. Il importe à l'élève d'apprendre ces formules, parce qu'il y en a une pour chacun des huit tons, et que cette formule unique sert pour tous les *Gloria* du même ton.

INTONATIONS SOLENNELLES DU GLORIA PATRI.

1 T.

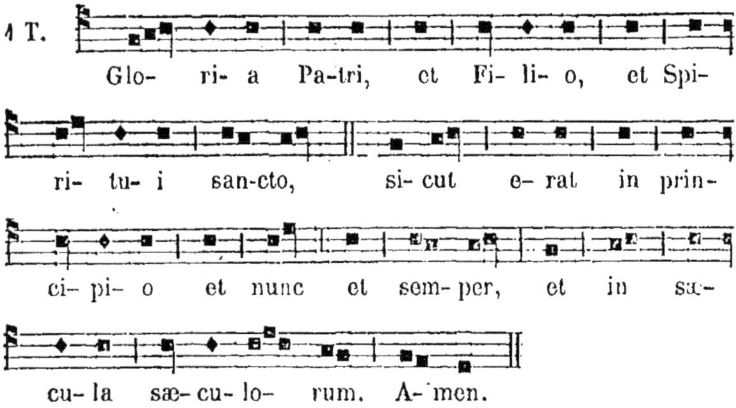

Nous croyons cette terminaison préférable à celles-ci qu'on rencontre dans plusieurs éditions.

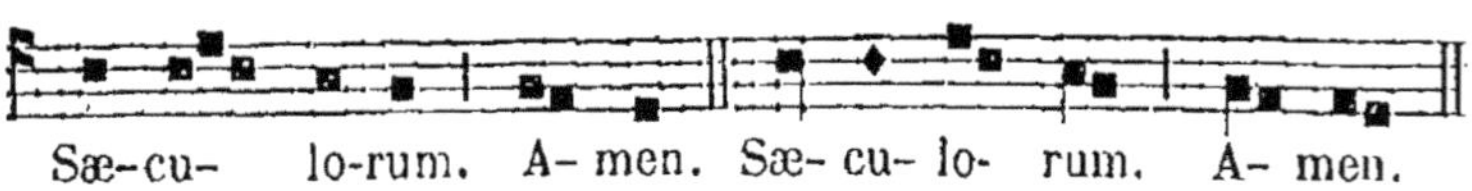

2 T.

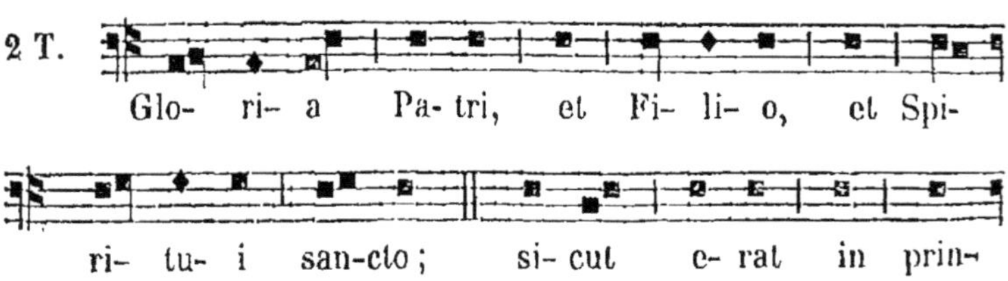

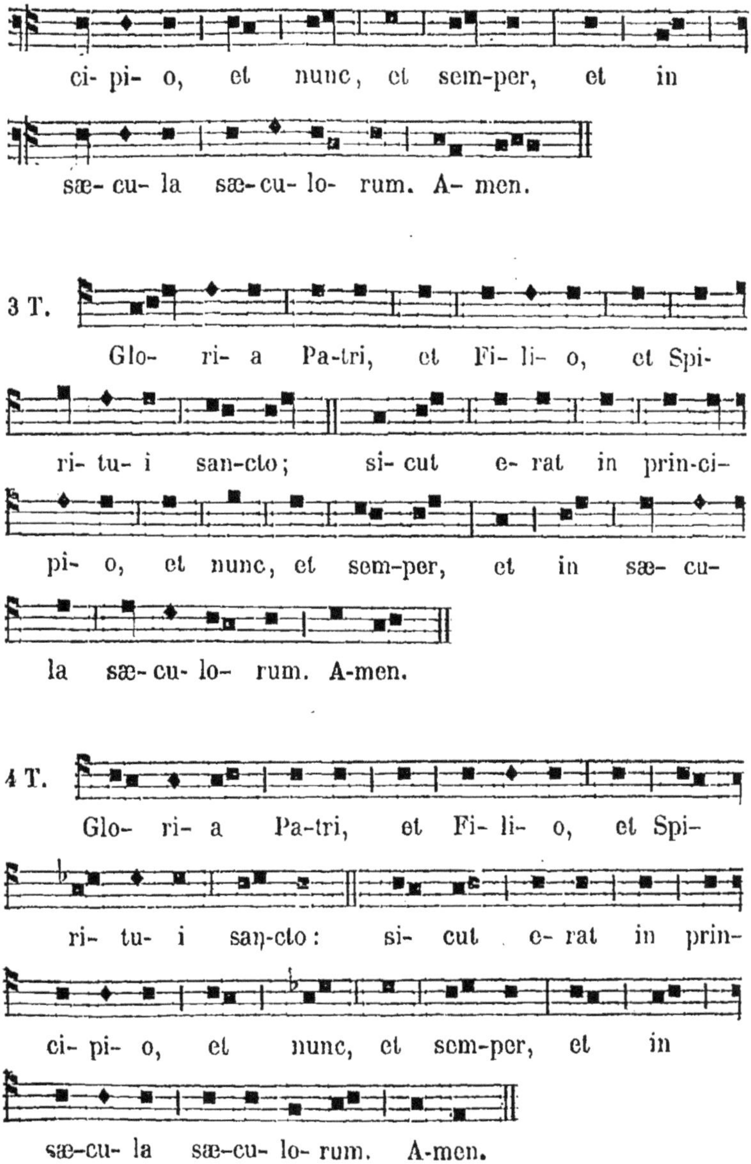
ci- pi- o, et nunc, et sem-per, et in
sæ- cu- la sæ- cu- lo- rum. A- men.
3 T.
Glo- ri- a Pa-tri, et Fi- li- o, et Spi-
ri- tu- i san-cto; si- cut e- rat in prin-ci-
pi- o, et nunc, et sem-per, et in sæ- cu-
la sæ- cu- lo- rum. A-men.
4 T.
Glo- ri- a Pa-tri, et Fi- li- o, et Spi-
ri- tu- i san-cto: si- cut e- rat in prin-
ci- pi- o, et nunc, et sem-per, et in
sæ-cu- la sæ-cu- lo- rum. A-men.

5 T.

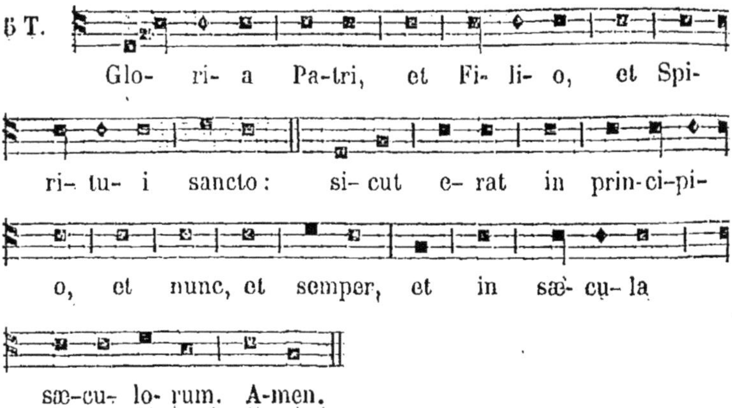
Glo- ri- a Pa-tri, et Fi- li- o, et Spi-
ri- tu- i sancto: si- cut e- rat in prin-ci-pi-
o, et nunc, et semper, et in sæ- cu- la
sæ-cu- lo- rum. A-men.

6 T.

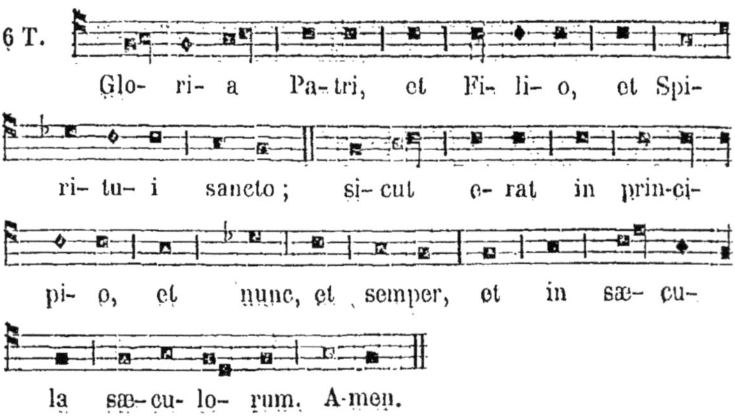
Glo- ri- a Pa- tri, et Fi- li- o, et Spi-
ri- tu- i sancto; si- cut e- rat in prin-ci-
pi- o, et nunc, et semper, et in sæ- cu-
la sæ-cu- lo- rum. A-men.

7 T.

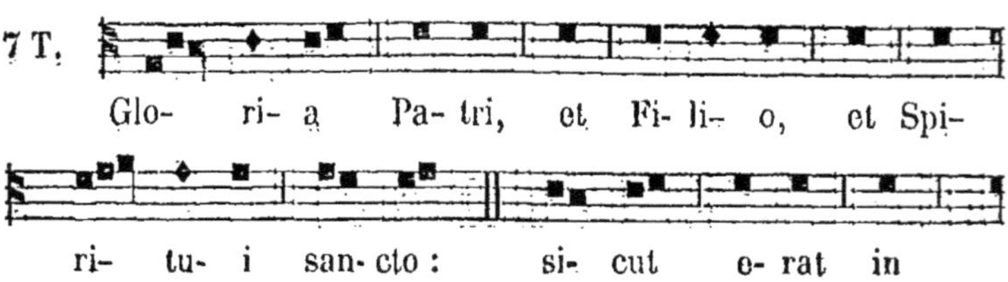
Glo- ri- a Pa- tri, et Fi- li- o, et Spi-
ri- tu- i san- cto: si- cut e- rat in

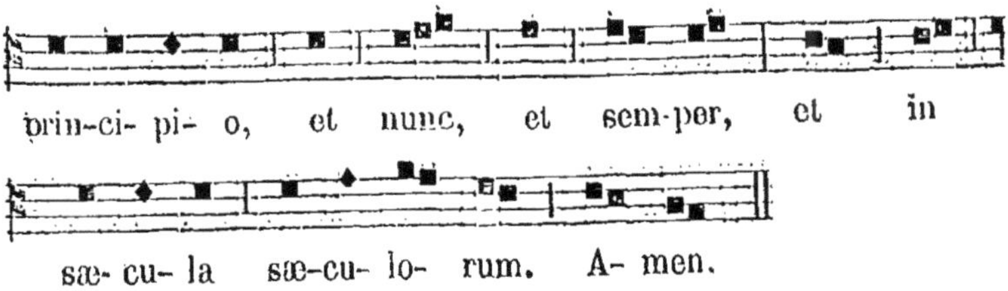

Nous avons dit qu'une note plus élevée que la dominante ne doit jamais, dans la terminaison, se placer sur une syllabe brève. La seconde syllabe de *sæculorum* est brève, il serait donc plus conforme aux règles de chanter :

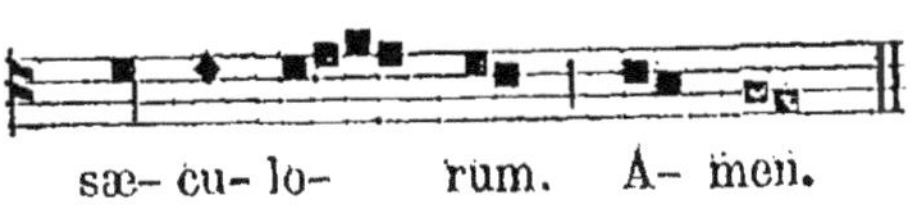

8 T.

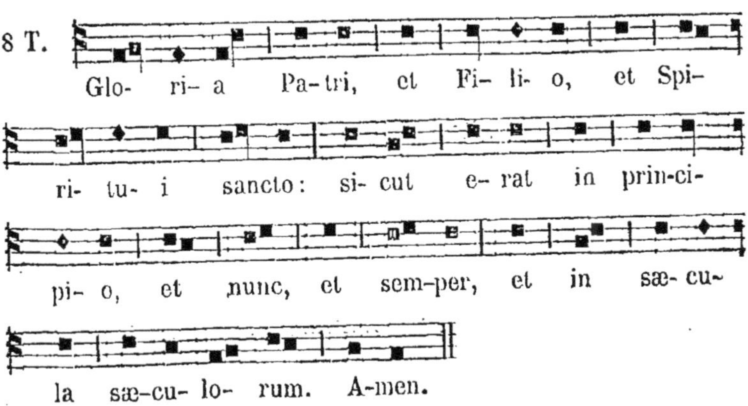

15. Les *intonations festivales* et les *intonations fériales* sont celles des psaumes et des cantiques des vêpres, des

matines et des laudes. Les premières ne s'emploient qu'aux offices des fêtes doubles ; les secondes sont d'usage aux offices des fêtes semi-doubles, des fêtes simples et des jours fériés. Le commencement des intonations festivales n'est chanté qu'au premier verset, ordinairement par une voix seule ; le chœur répond à la dominante. Les *intonations fériales* ne diffèrent des intonations festivales que par le commencement qui se fait directement sur la dominante.

16. La formule *Primus* ou *secundus*, etc., *modus sic incipitur*, *sic mediatur et sic finitur*, sert à faciliter le souvenir du chant des différentes parties des intonations festivales et fériales des psaumes. On chante l'intonation proprement dite et la dominante sur *Primus modus sic incipitur* ; la médiation sur *sic mediatur*, et la terminaison sur *et sic finitur*.

15ᴱ TABLEAU.

Ce tableau contient les intonations festivales et fériales des quatre premiers tons.

Il est nécessaire de reproduire ici ces intonations, et dè les faire suivre de quelques remarques sur l'application des règles générales de la psalmodie.

PREMIER TON.

Nº 1. [1] Formule de l'intonation festivale.

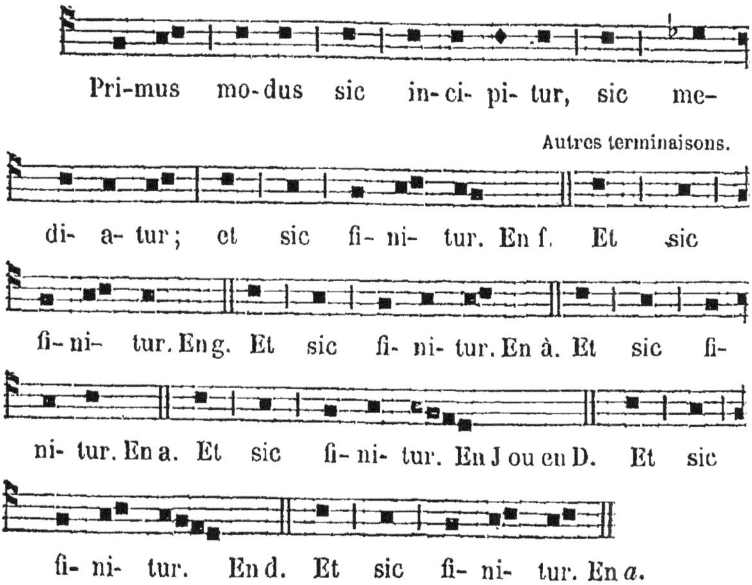

L'intonation festivale du premier ton commence par *fa*, *sol*, *la*. Ces deux dernières notes sont liées sur la seconde syllabe du texte. Si la seconde syllabe est brève, elle ne compte pas, et les deux notes *sol la* sont liées sur la syllabe suivante. Quand la seconde et la troisième syllabe sont brèves, parce qu'elles sont suivies d'un monosyllabe, comme dans *Judica me*, on lie les deux notes sur la première des brèves.

1. Ces numéros correspondent à ceux du tableau.

Nous avons dit, dans le tableau précédent, que les lettres majuscules indiquent une terminaison complète, et les lettres minuscules une terminaison incomplète. En effet, les majuscules J ou D, que l'on voit ici placées à la fin de l'une des terminaisons du premier ton, désignent pour finale *ré*, et marquent que cette finale est celle du ton auquel appartient la mélodie du verset. Les minuscules f, g, à, a, *a*, indiquent, au contraire, que la finale des terminaisons à la fin desquelles on les trouve, n'est point la finale du ton; f désigne pour finale *fa*, g *sol*, à, a, *a la*. Les différentes modifications que présente cette dernière minuscule, marquent un léger changement dans les notes qui précèdent la finale.

N° 2. Cantique.

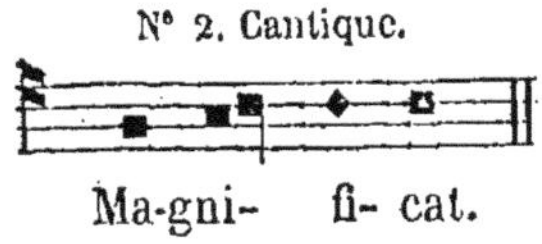

Dans les intonations festivales des cantiques, le commencement, la médiation et la fin sont à peu près les mêmes que dans les psaumes. Mais le premier verset du *Magnificat* a dû recevoir quelques modifications, parce qu'il n'offre que quatre syllabes pour le commencement de l'intonation et la médiation; c'est pourquoi nous avons donné les notes de ces quatre syllabes dans les tableaux, à la suite des formules d'intonations festivales.

N° 3. Formule de l'intonation fériale.

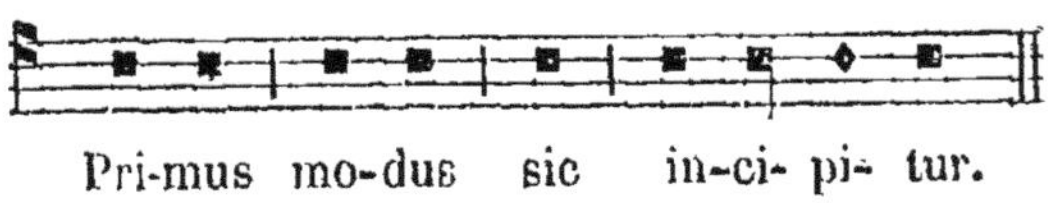

On voit que l'intonation fériale du premier ton commence par la dominante de ce ton. Il en est de même des intonations fériales de tous les autres tons ; ainsi, l'intonation fériale du second ton commence par *fa*, celle du troisième par *ut*, celle du quatrième par *la*, celle du cinquième par *ut*, celle du sixième par *la*, celle du septième par *ré*, et enfin celle du huitième par *ut*. La médiation et la terminaison des intonations fériales sont semblables à celles des intonations festivales.

N° 4. Cantique.

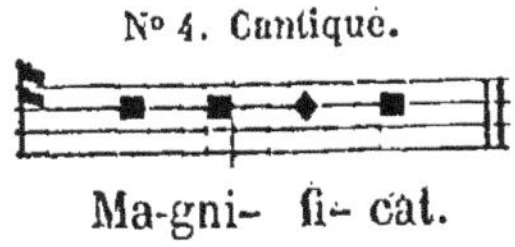

L'intonation fériale des cantiques est, en principe, comme celle des psaumes. Cependant celle du *Magnificat* ayant subi quelques modifications dans plusieurs tons, nous donnerons les premières notes de ce cantique, à la suite des intonations fériales des psaumes.

N° 5. Exemples d'intonations.

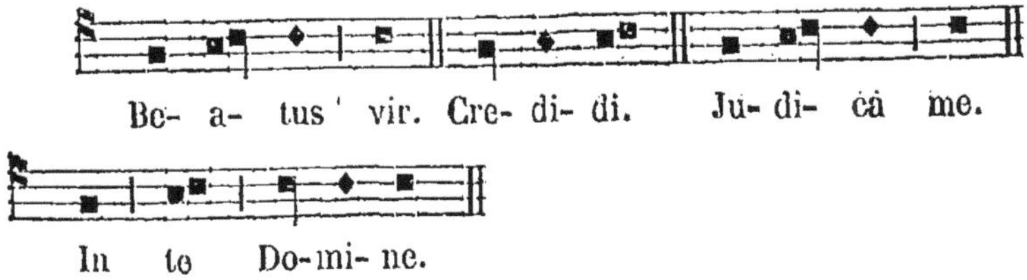

La seconde syllabe de *Credidi* ne compte point dans l'intonation, parce qu'elle est brève; en conséquence, lorsqu'on a chanté la première note de l'intonation, *fa*, sur la première syllabe de ce mot, on ajoute une note brève pour chanter la seconde syllabe, puis on lie la seconde et la troisième note *sol la* sur la troisième syllabe. Dans les autres exemples, les syllabes *tus*, *ca* et *mi* sont brèves aussi; elles se chantent également sur une note brève ajoutée à l'intonation, parce qu'elles ne doivent pas compter.

Le premier ton a encore deux autres médiations; l'une qui consiste en un simple repos sur la dominante et qui, par cette raison, est appelée *droite* :

N° 6. Seconde espèce de médiation.

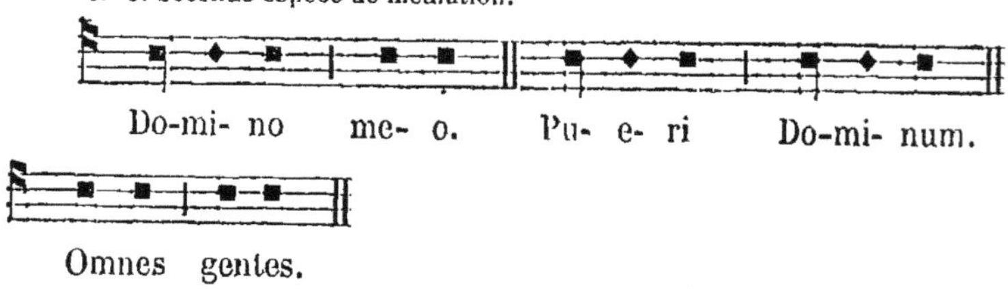

l'autre qui a une inflexion sur la pénultième :

N° 7. Troisième espèce de médiation.

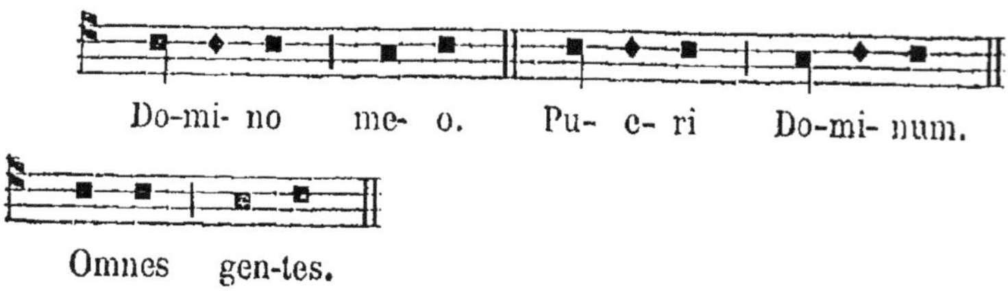

DEUXIÈME TON.

N° 1. Formule de l'intonation festivale.

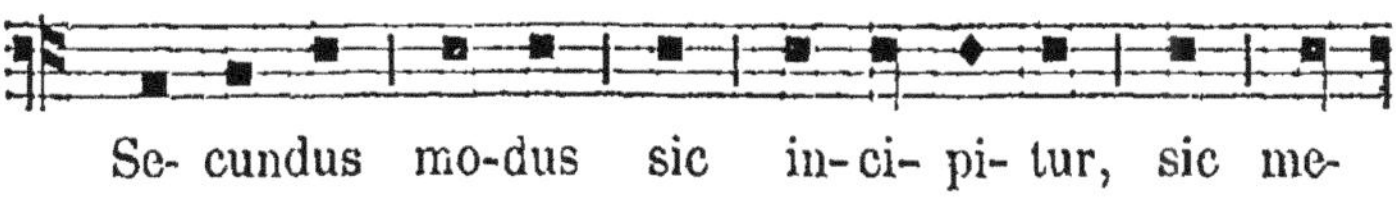

N° 2. Cantique.

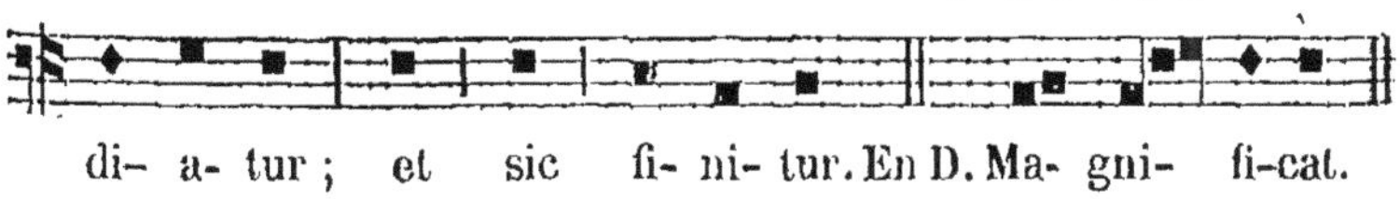

La psalmodie du deuxième ton est la plus simple de toutes. Son intonation festivale se fait par *ut* au-dessous de la finale, et par la tierce mineure *ré fa*. La médiation consiste dans l'élévation de la pénultième à un ton au-dessus de la dominante. Il n'y a qu'une terminaison *fa ut ré*. Il faut éviter de rapprocher en chantant l'*ut* du *ré*, de chanter *ut* dièse, comme plusieurs chantres en ont l'habitude. Le caractère plagal du deuxième ton, sans parler de la constitution tonale du plain-chant, exige que l'on attaque posément et carrément l'*ut* naturel au-dessous du *ré* final.

N° 3. Formule de l'intonation fériale. N° 4. Cantique.

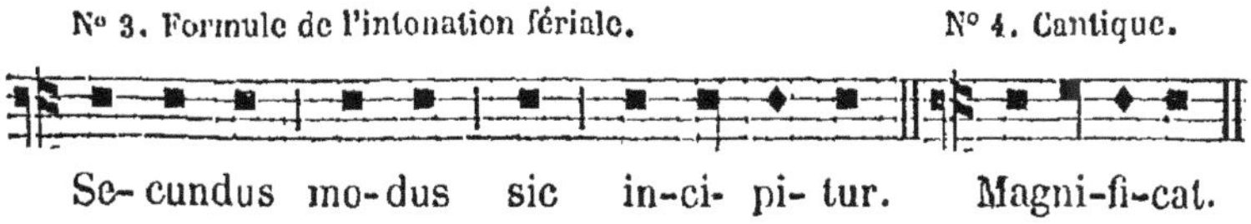

N° 5. Exemples d'intonations.

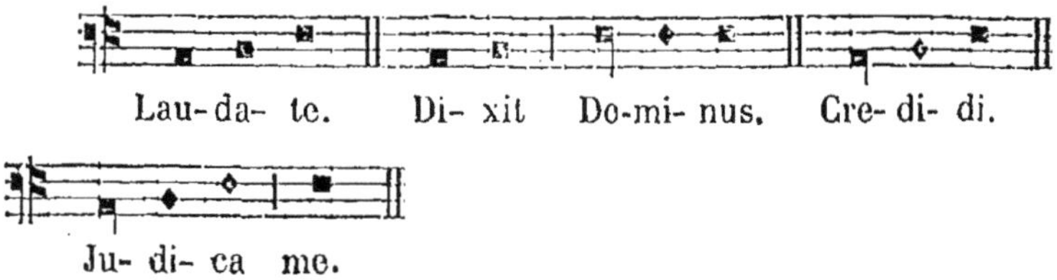

Afin de ne pas confondre l'intonation du deuxième ton avec celle du troisième, on ne lie jamais le *ré* avec le *fa*, ce qui arriverait si les brèves ne comptaient pas. On voit donc que l'intonation du deuxième ton fait exception à la règle générale.

Comme l'élévation de la voix a lieu sur la pénultième syllabe de la première partie du verset, si cette pénultième est brève, on reporte le *sol* sur la syllabe accentuée qui la précède.

N° 6. Exemples de médiations.

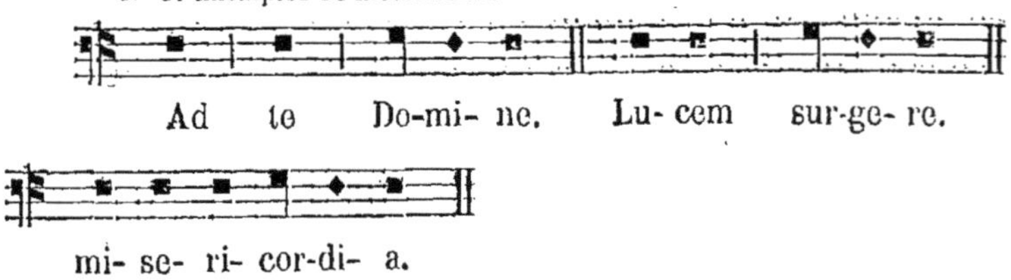

Il faut éviter toutefois de reculer trop l'accent, parce qu'alors on reproduirait la médiation du 3e ton. Plutôt que de s'exposer à cet inconvénient, il vaudra mieux placer le *sol* sur une des brèves. Exemples :

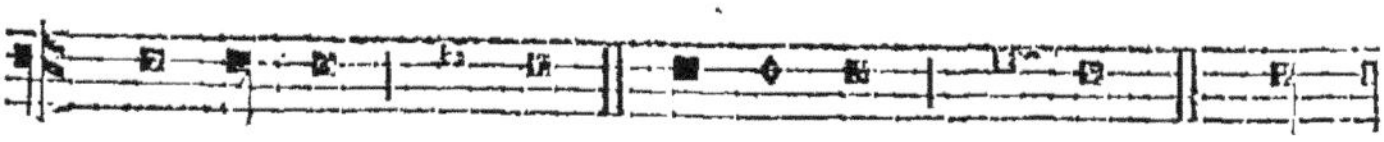

Sa- lu- tis me- æ. No-mi- ni tu- o. Spi-

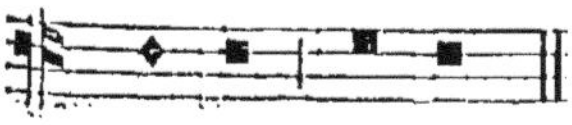

ri- tum me- um.

Voici d'autres exemples de médiations qui présentent l'application de la règle sur les mots hébreux et sur les monosyllabes (voy. Tableau XIV. N° 12).

Do-mi- ni su-per vos. * Lo- cu- tus sum. * Is-

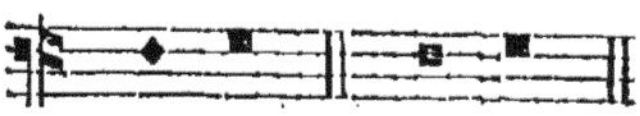

ra- el. * Si- on. *

La terminaison suit les règles établies plus haut au sujet des brèves et des monosyllabes.

N° 7. Exemples de terminaisons.

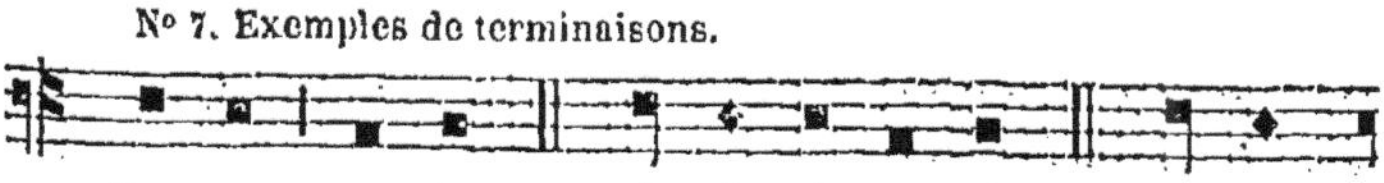

De- us e- jus. I- ni-qui- ta- tis. Sæ-cu-

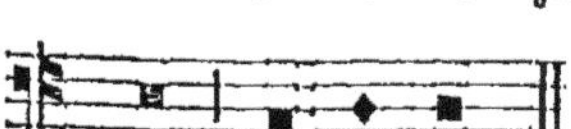

lum sæ- cu- li.

TROISIÈME TON.

N° 1. Formule de l'intonation festivale.

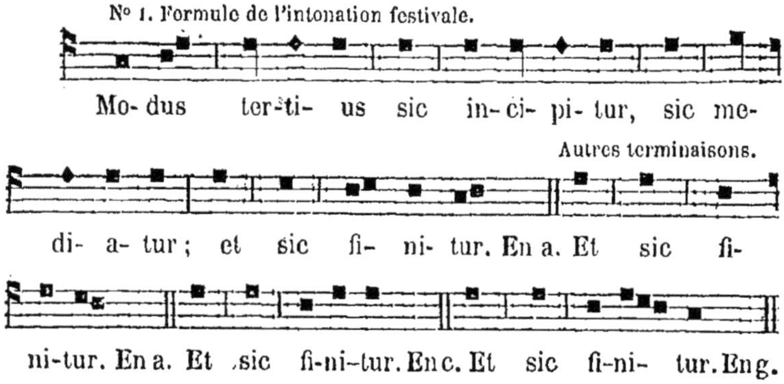

N° 2. Cantique.

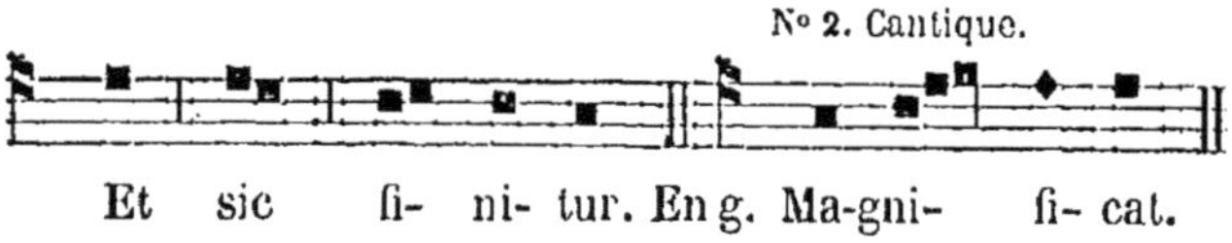

L'intonation festivale du troisième ton commence par *sol*, une tierce mineure au-dessus de la finale *mi*. Ensuite vient la tierce *la ut* liée. *Ut* est la dominante sur laquelle le chœur continue la psalmodie des autres versets. La médiation commence à l'antépénultième, et même, lorsque cette syllabe est brève, à la quatrième ou cinquième syllabe avant la fin de la première partie du verset.

N° 3. Formule de l'intonation fériale. N° 4. Cantique.

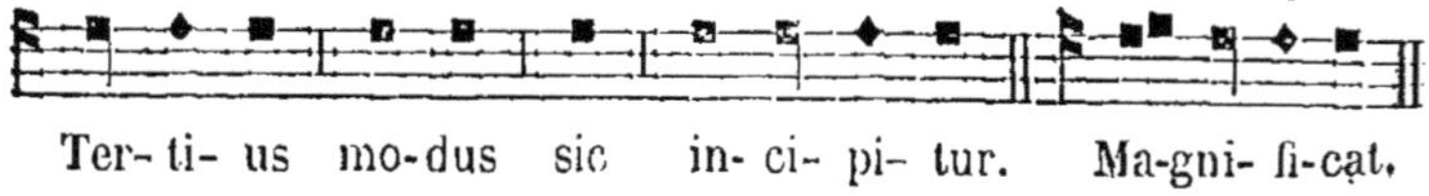

N° 5. Exemples d'intonations.

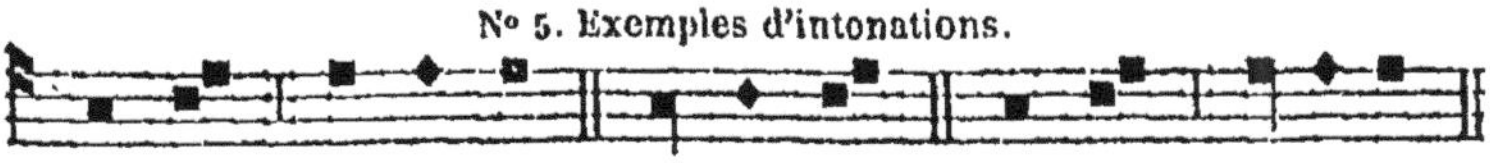

Di- xit Do-mi- nus. Cre- di- di. Ni- si Do-mi-nus.

N° 6. Exemples de médiations.

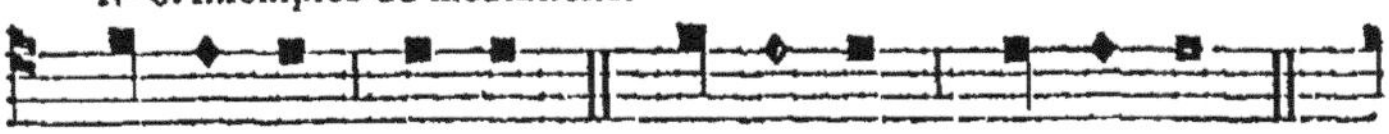

Do-mi- no me- o. Do-mi- ni Do-mi- no.

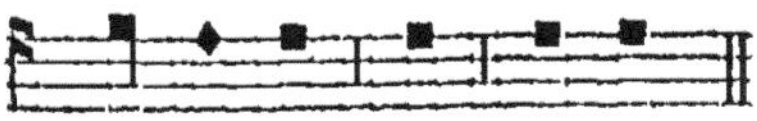

Gau- di- o os nostrum.

On voit que la meilleure règle à suivre, pour faire la médiation du troisième ton, est de placer le *ré* sur la syllabe accentuée la plus proche de l'antépénultième.

N° 7. Exemples de terminaisons.

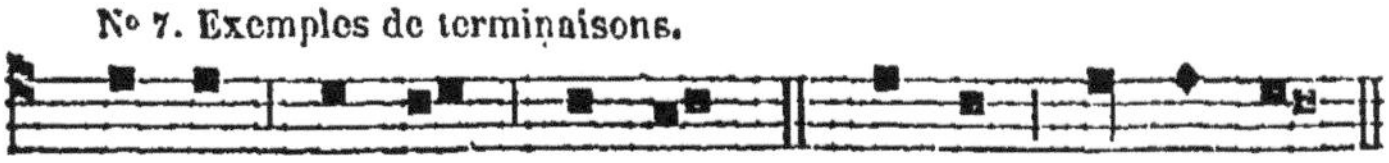

I- ræ su- æ re- ges Nomen Do-mi- ni

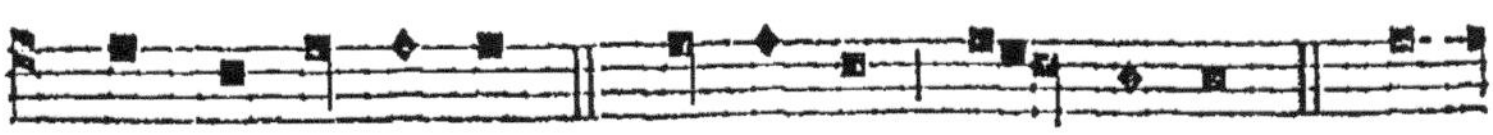

Commo- ve- bi- tur. E- ri- gens pau- pe- rem. De-

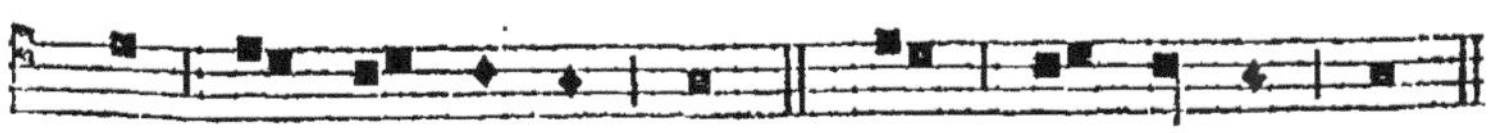

dit ti- men- ti- bus se. Qui o- de- runt nos.

QUATRIÈME TON.

1° Formule de l'intonation festivale.

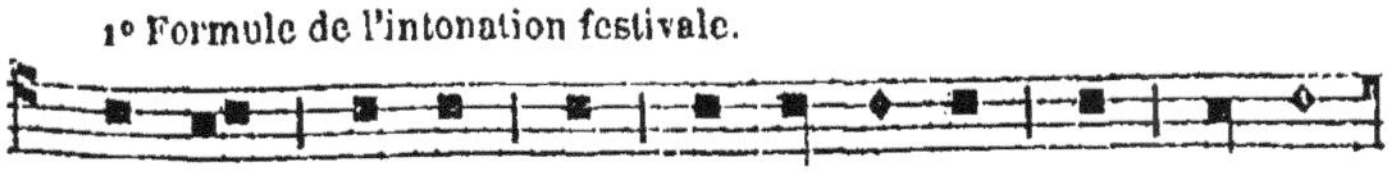

Quar-tus mo- dus sic in- ci- pi- tur, sic me- di-

Autres terminaisons.

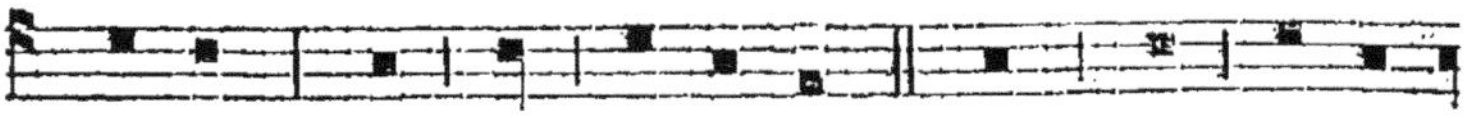

a- tur; et sic fi- ni- tur. En E. Et sic fi- ni-

N° 2. Cantique.

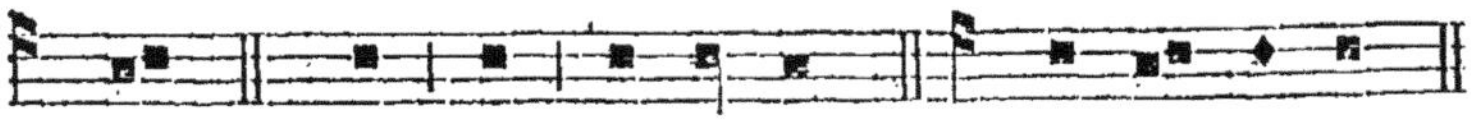

tur. En a. Et sic fi- ni- tur. En g. Ma-gni- fi- cat.

L'intonation festivale du quatrième ton commence par *la*, à la quarte de la finale *mi*. Les deux notes suivantes *sol la*, sont liées sur la seconde syllabe du texte. La dominante *la* commence les versets chantés par le chœur. La médiation se fait à partir de la deuxième syllabe avant la pénultième de la première partie du verset. Les brèves seules peuvent modifier cette règle.

N° 3. Formule de l'intonation fériale. N° 4. Cantique.

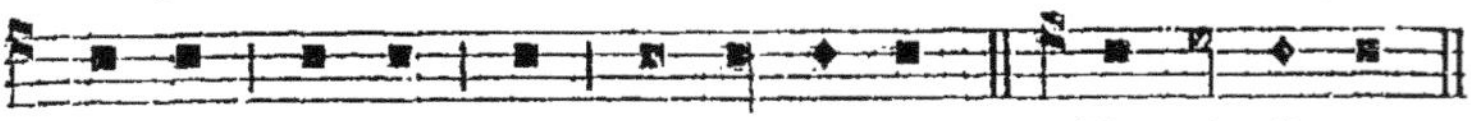

Quar-tus mo-dus sic in-ci- pi- tur. Ma-gni- fi- cat.

N° 5. Exemples d'intonations.

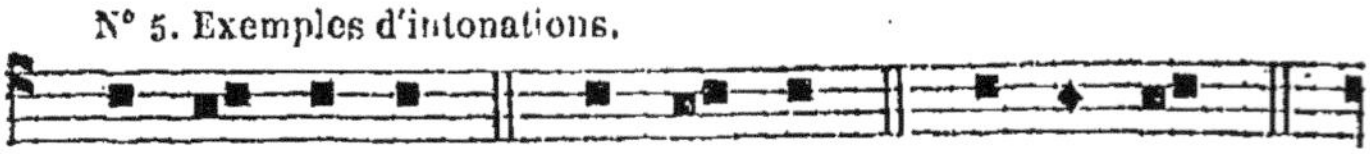

Con-fi- te- bor. Lau-da- te. Cre- di- di.

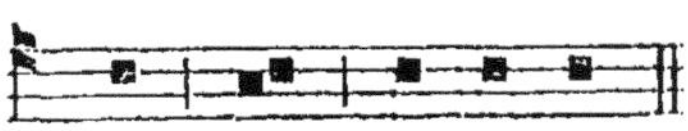

Ad te le- va- vi.

N° 6. Exemples de médiations.

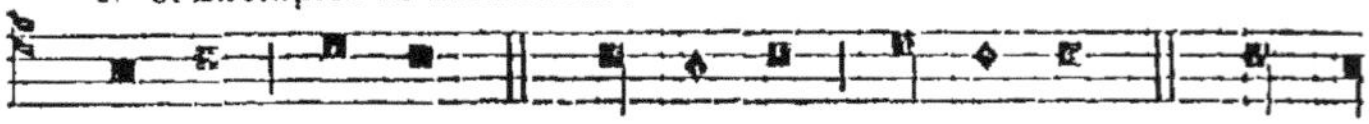

Cor-de me- o. Pu- e- ri Do-mi- num. Sæ-

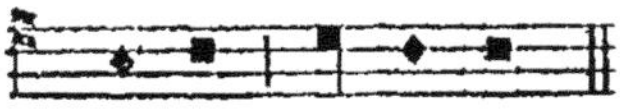

cu- lum sæ- cu- li.

Voici d'autres exemples de médiations dans lesquelles se trouvent des mots hébreux et des monosyllabes :

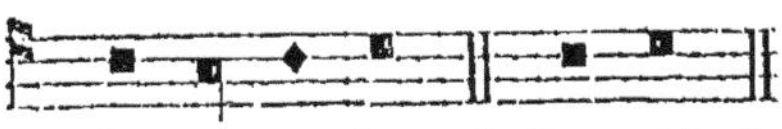

Nº 7. Exemples de terminaisons.

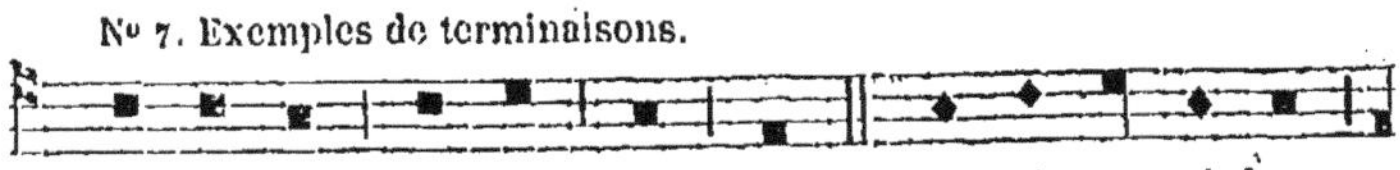

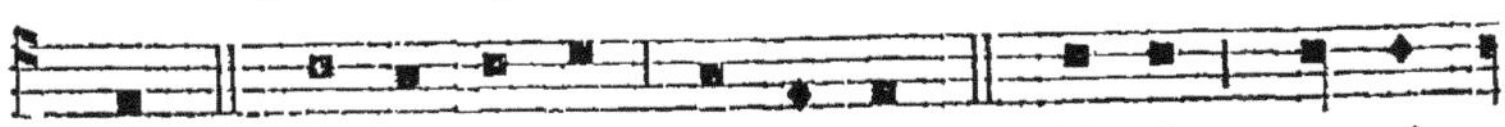

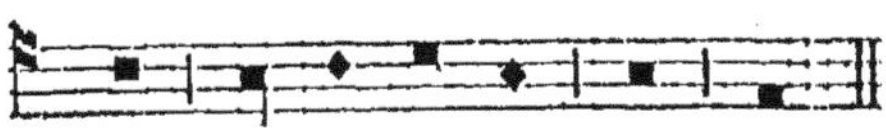

16ᴱ TABLEAU.

CE TABLEAU CONTIENT LES INTONATIONS FESTIVALES ET FÉRIALES DES QUATRE DERNIERS TONS ET LE CHANT DU PSAUME *IN EXITU.*

CINQUIÈME TON.

Nº 1. Formule de l'intonation festivale.

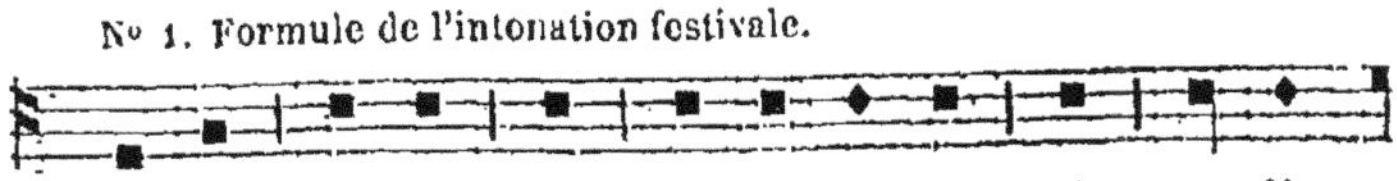

N° 2. Cantique.

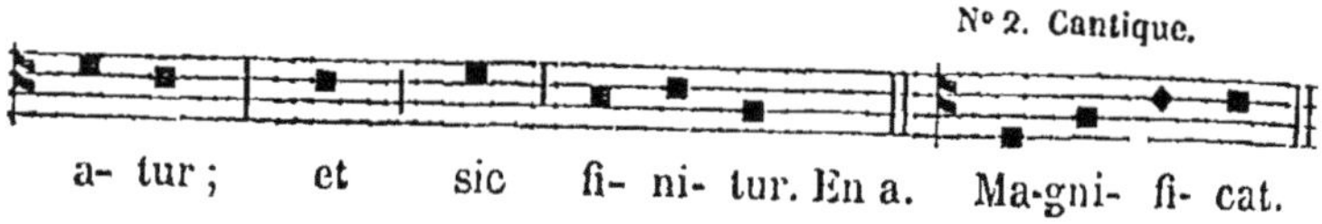

L'intonation festivale du cinquième ton commence par *fa*, qui est la finale du ton ; elle monte ensuite successivement à la tierce *la*, et à la quinte *ut* qui est la dominante sur laquelle le chœur reprend les autres versets. Sa médiation est la même que celle du deuxième ton. Elle n'a qu'une seule terminaison, *ré si ut la*. Il importe que le *si* soit naturel et non pas bémolisé.

N° 3. Formule de l'intonation fériale. N° 4. Cantique.

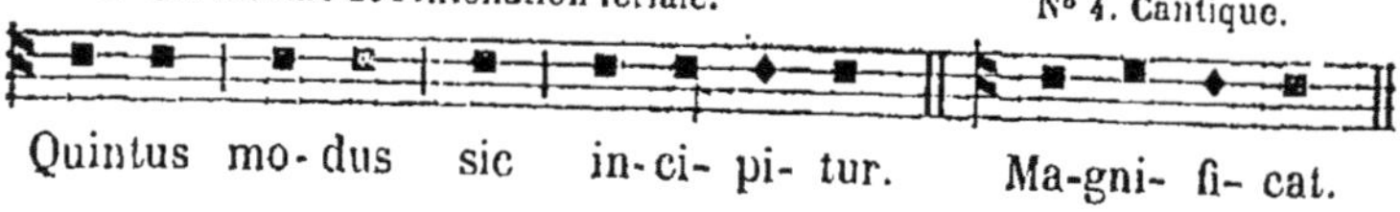

N° 5. Exemples d'intonations.

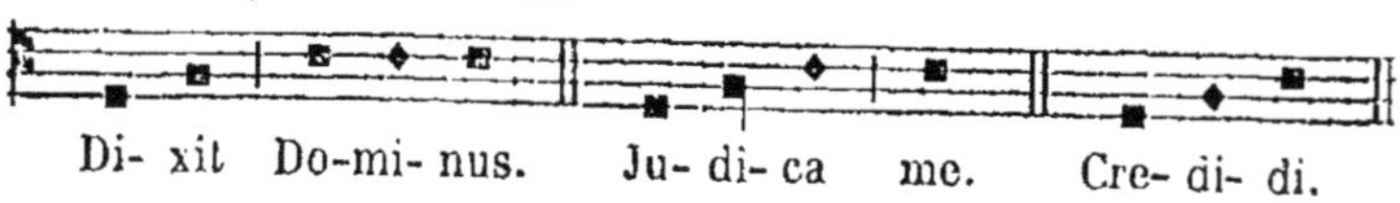

Voici des exemples de médiations dans lesquelles se trouvent des mots hébreux et des monosyllabes :

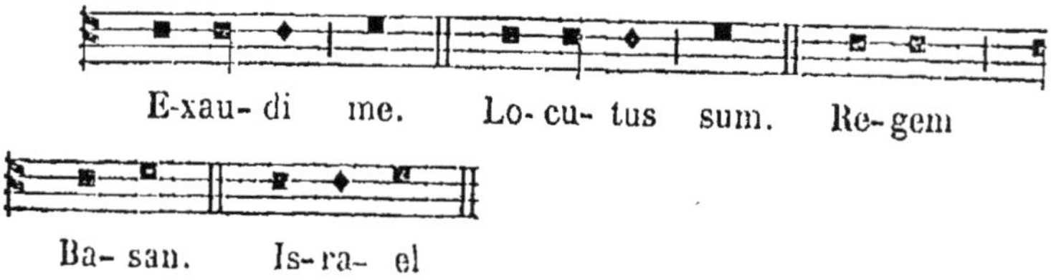

N° 6. Exemples de terminaisons.

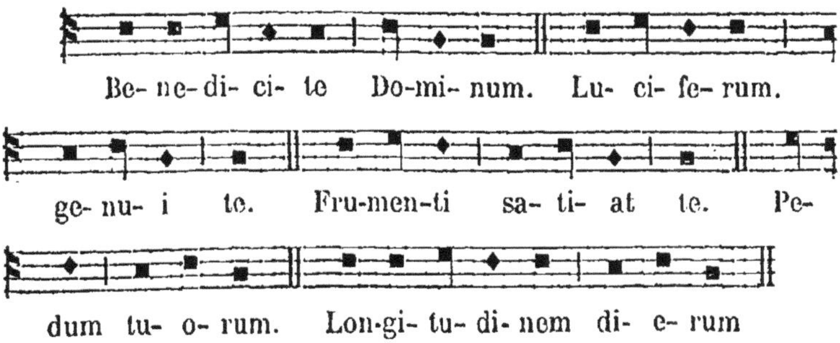

L'élève fera bien de consulter ces exemples pour résoudre les difficultés qu'offrent souvent les brèves à la fin des versets. Il voit qu'on est quelquefois obligé d'ajouter un *ut* pour placer une syllabe accentuée sur le *ré* et pour éviter qu'un trop grand nombre de brèves chantées sur la même note n'altèrent le chant de la terminaison.

SIXIÈME TON.

N° 1. Formule de l'intonation festivale.

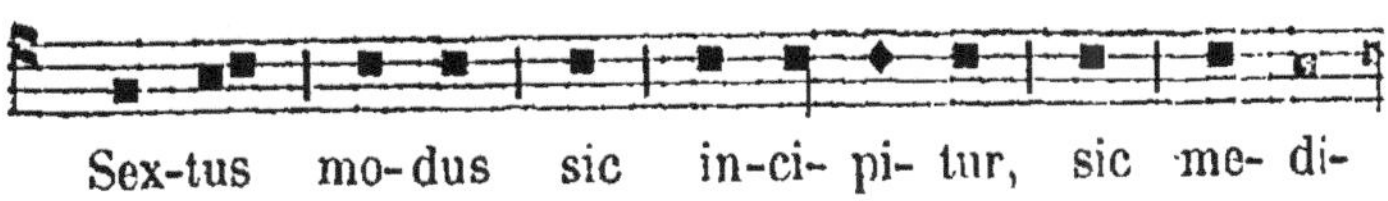

N° 2. Cantique.

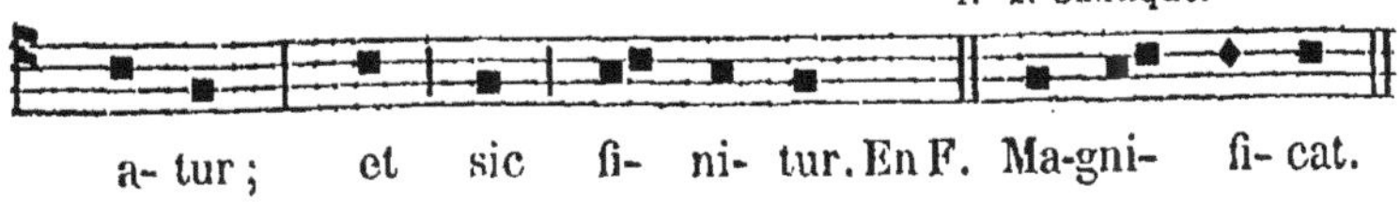

L'intonation festivale du sixième ton est fort simple dans le chant romain. Elle commence par *fa*, finale du ton. Les deux notes suivantes *sol la* sont liées sur la seconde syllabe du texte. La médiation se fait sur l'antépénultième. Ce ton n'a qu'une terminaison. Le chœur répond à la dominante *la*.

N° 3. Formule de l'intonation fériale. N° 4. Cantique.

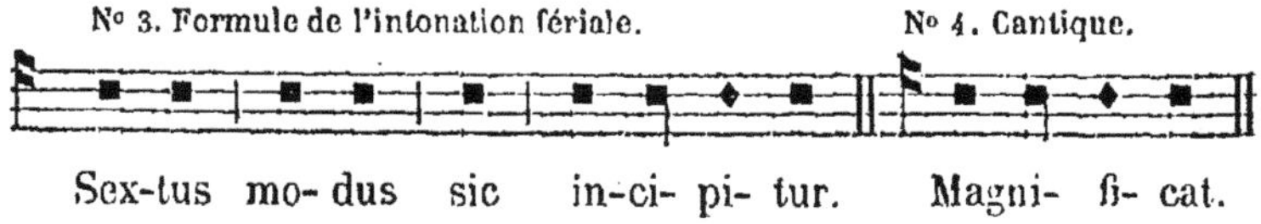

Dans un grand nombre de diocèses où l'on suit le rit romain, la médiation du sixième ton est *droite* comme celle du premier ton.

N° 5.

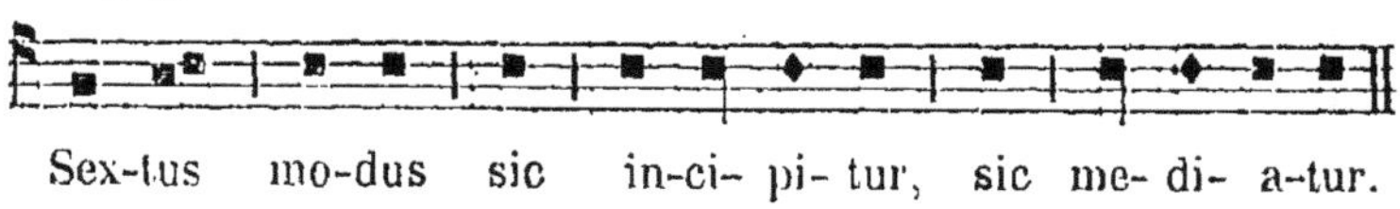

N° 6. Exemples de médiations.

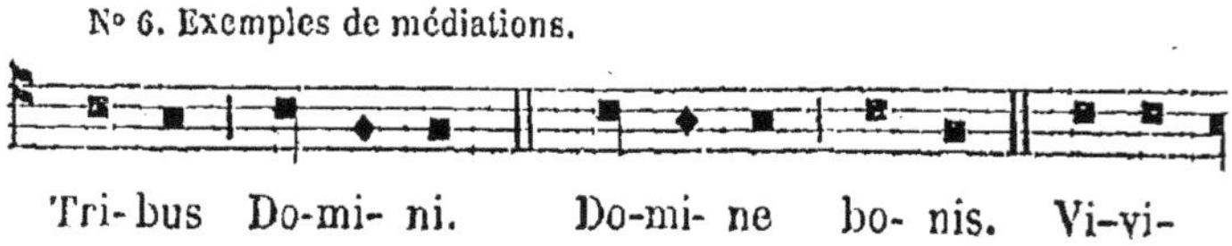

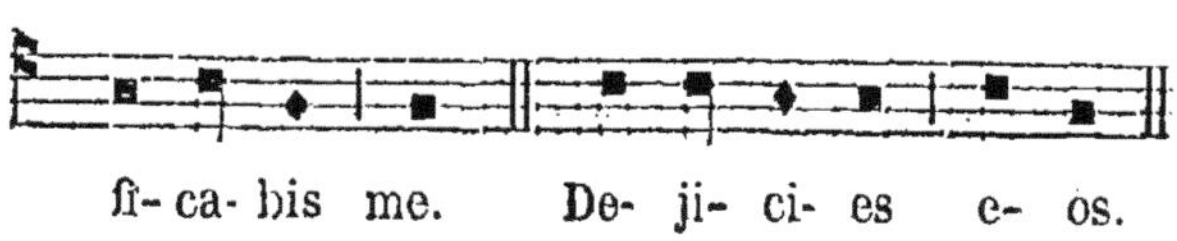

La terminaison est généralement uniforme, sauf lorsqu'il se présente des monosyllabes et des mots de trois syllabes qui ont une brève au milieu.

N° 7. Exemples de terminaisons.

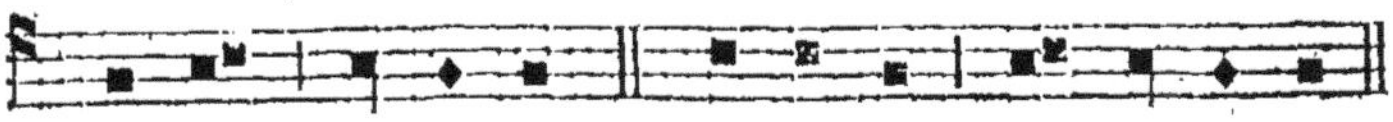

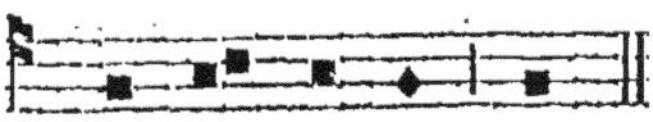

SEPTIÈME TON.

N° 1. Formule de l'intonation festivale.

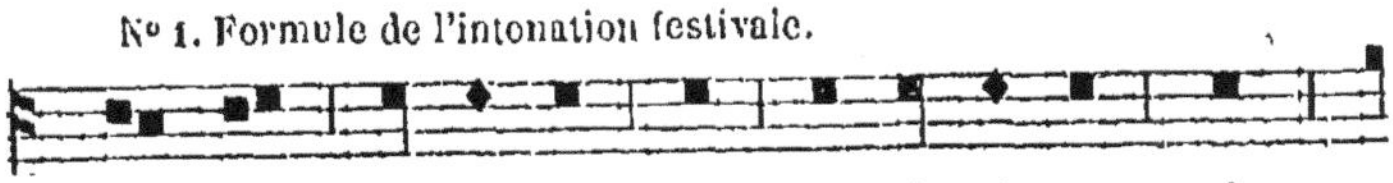

Autres termi-naisons.

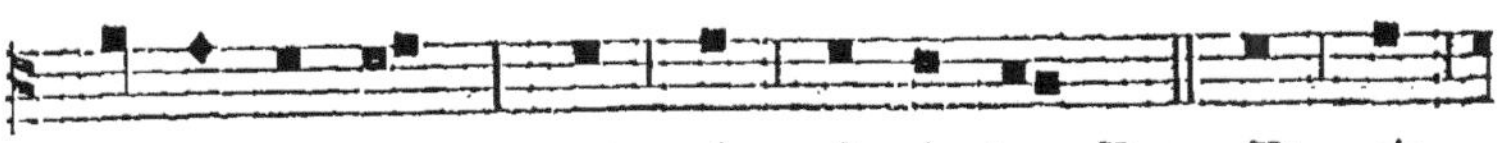

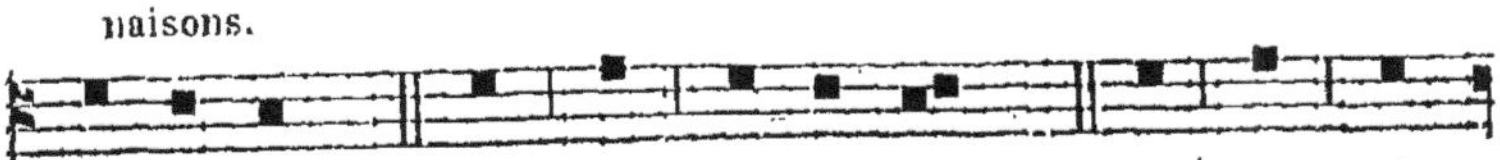

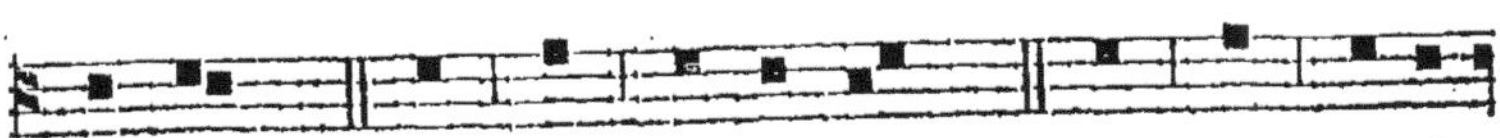

N° 2. Cantique.

L'intonation festivale du septième ton commence par *ut*, à la quarte de *sol*, finale de ce ton. Cette première note est liée avec le *si* sur la première syllabe du texte. Ce groupe est suivi des notes *ut ré* également liées sur la seconde syllabe. La médiation se compose des notes *fa mi ré ré mi*. Elle commence à la quatrième syllabe avant la fin de la première partie du verset, parce que les dernières notes *ré mi* sont liées sur la dernière syllabe. Le chœur reprend à la dominante *ré*.

N° 3. Formule de l'intonation fériale. N° 4. Cantique.

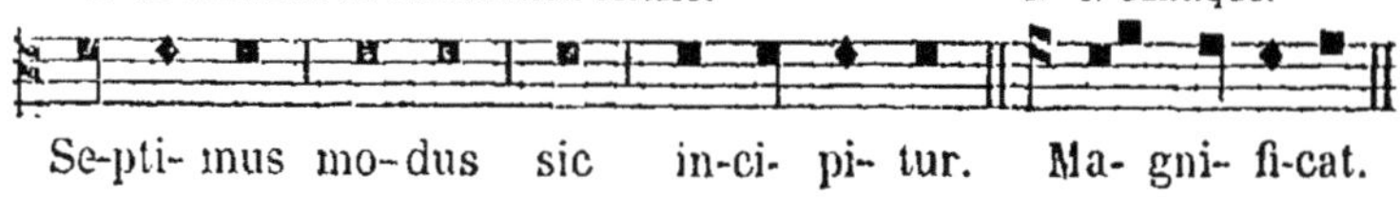

N° 5. Exemples d'intonations.

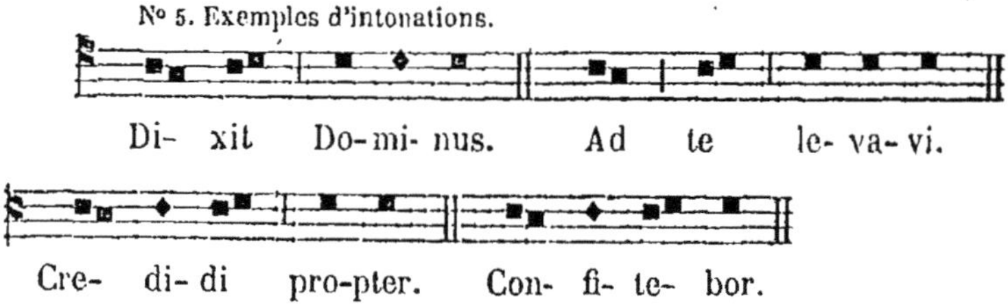

N° 6. Exemples de médiations.

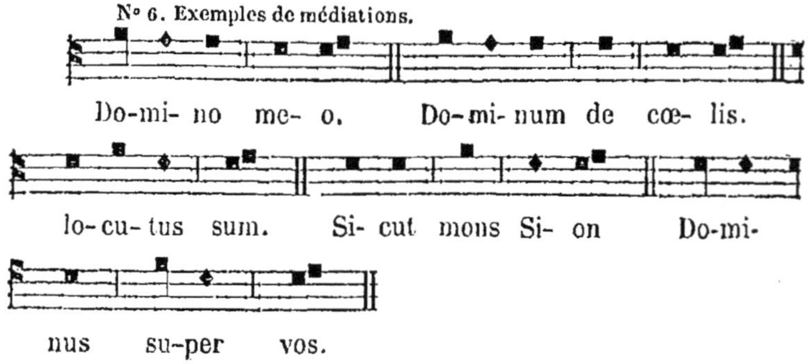

Dans plusieurs diocèses, on ne chante qu'un seul *ré*, à la médiation, à partir du second verset du psaume. Pour éviter de placer l'accent sur une syllabe brève ou sur la dernière syllabe d'un mot, on est obligé quelquefois de supprimer le *mi* de la médiation, comme dans les trois derniers exemples.

Nº 7. Exemples de terminaisons.

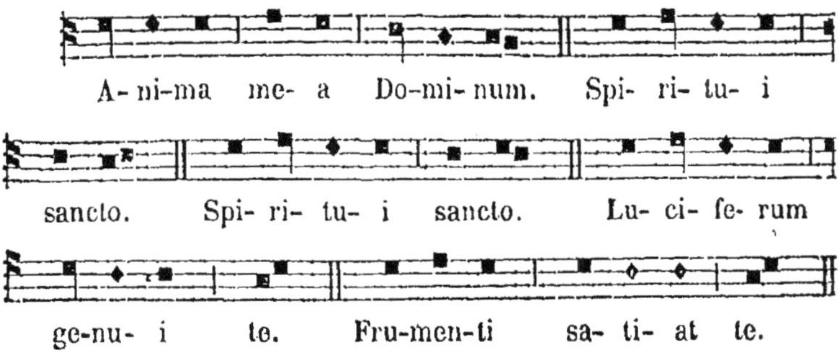

HUITIÈME TON.

1º Formule de l'intonation festivale.

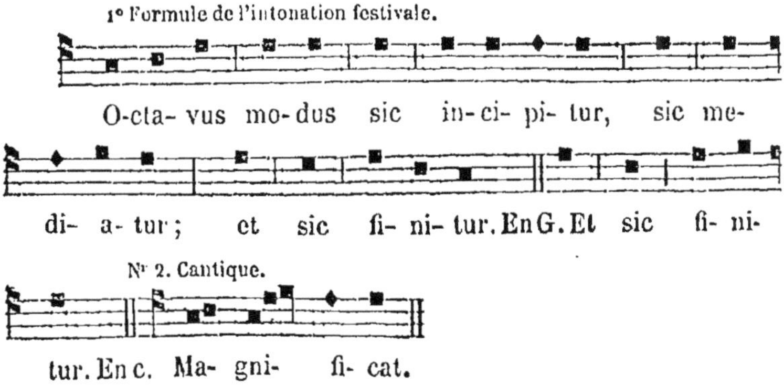

L'intonation festivale du huitième ton commence par *sol*, finale du ton. Les deux notes suivantes *la ut* se chantent sur les seconde et troisième syllabes du texte. La médiation se fait en élevant la voix d'un ton sur la pénultième ; ce qui rend la première partie du verset absolument semblable à celle du deuxième ton, sauf la transposition. La dominante est *ut* sur laquelle le chœur chante les versets suivants. Cette psalmodie a deux terminaisons ; la première est la plus usitée.

N° 3. Formule de l'intonation fériale. N° 4. Cantique.

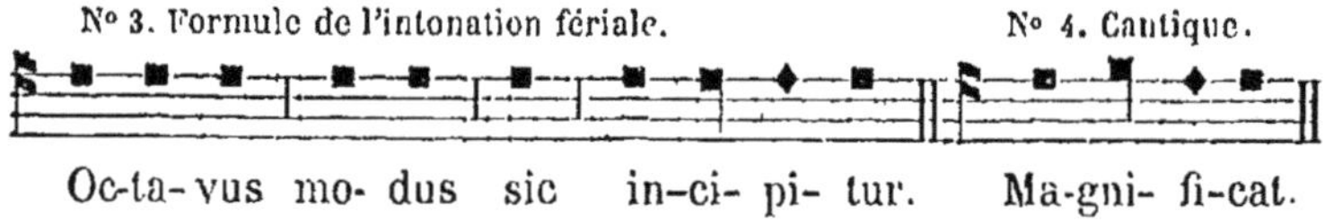

L'élève peut consulter les exemples d'intonations et de médiations que nous avons donnés pour le deuxième ton. Le huitième ton suit les mêmes règles.

N° 5. Exemples de terminaisons.

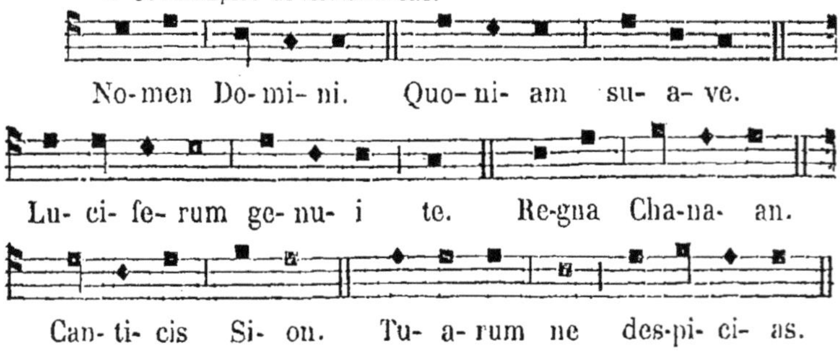

INTONATION PARTICULIÈRE DU PSAUME *IN EXITU*

PREMIER TON EN A.

1re Intonation.

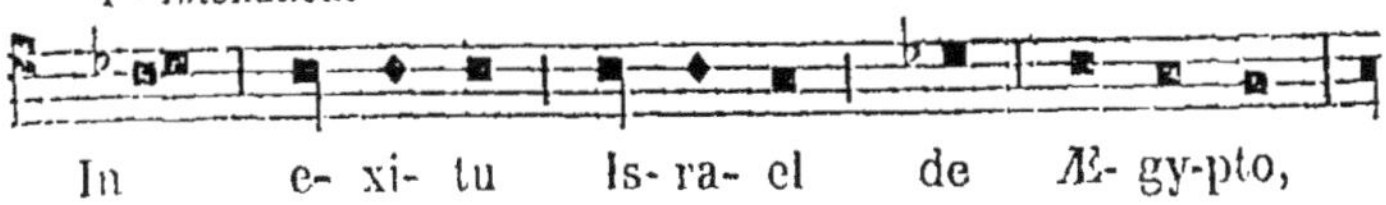

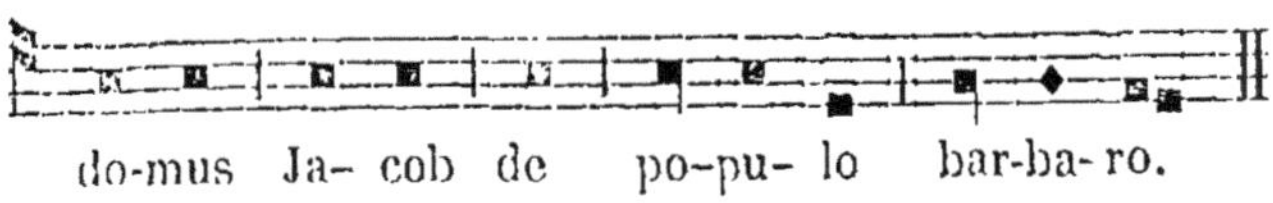

Lorsqu'il se rencontre une syllabe brève à la médiation, on la remplace par la syllabe accentuée qui la précède :

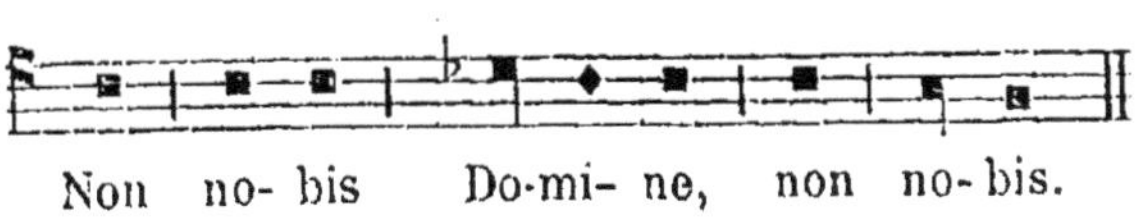

FIN.

BIBLIOTHÈQUE

DES CHEMINS DE FER

Les volumes qui composent cette bibliothèque se vendent chez les libraires les plus importants et dans les principales gares des chemins de fer.

La BIBLIOTHÈQUE DES CHEMINS DE FER se composera d'environ cinq cents volumes; cent cinquante volumes ont déjà paru, et plus de deux cents ouvrages sont sous presse ou en cours d'exécution.

Cette collection est spécialement destinée aux voyageurs. Occuper agréablement leurs loisirs forcés pendant le trajet, leur fournir des renseignements exacts et complets sur tout ce qui peut les intéresser en route et dans les lieux où ils séjournent; les AMUSER HONNÊTEMENT et leur ÊTRE UTILE, voilà le but qu'elle se propose, voilà sa double devise.

Les nombreux volumes dont se composera la BIBLIOTHÈQUE DES CHEMINS DE FER seront rédigés exprès, ou tirés des meilleurs auteurs français et étrangers, anciens et modernes. Chacun d'eux sera indépendant de tous les autres, et pourra être acheté isolément. Ils seront tous imprimés dans un format portatif et commode, en caractères très-lisibles même pour les yeux les plus délicats. Le voyageur les placera facilement dans sa poche ou dans son sac de voyage.

Le prix de chaque ouvrage sera indiqué sur la couverture.

La Bibliothèque se divise en sept séries :

1. GUIDES DES VOYAGEURS.

Cette série comprend : 1° des *Guides-itinéraires* descriptifs et historiques pour toutes les lignes de chemins de fer; 2° des *Guides-cicerone* à l'usage des voyageurs en France et dans les pays étrangers; 3° des *Guides-interprètes*, ou dialogues en langue française et en langue étrangère; etc.; 4° des *Guides-indicateurs* pour les heures de départ, les correspondances, les prix des places, etc.

2. HISTOIRE ET VOYAGES.

Les faits les plus importants, les personnages les plus célèbres de l'antiquité et des temps modernes, deviendront le sujet d'autant de récits et de biographies. La réunion de ces volumes formera comme une galerie de tableaux où tous les grands hommes et tous les grands événements seront représentés sous leur aspect le plus dramatique.

Les Voyages fourniront un certain nombre de volumes. On explorera toutes les contrées du monde; et les pays les plus sauvages de l'Afrique et de l'Océanie, aussi bien que l'Italie, la Suisse, le Levant, seront tour à tour visités.

Quelques voyages, dont le cadre sera fictif, mais dont tous les détails seront exacts, prendront place dans cette série.

3. LITTÉRATURE FRANÇAISE.

Romans, pièces de théâtre, contes, poésies, œuvres légères et sérieuses ; ici, le seul embarras sera de choisir. Les auteurs contemporains seront mis à contribution aussi bien que les auteurs classiques.

4. LITTÉRATURES ANCIENNES ET ÉTRANGÈRES.

La Bibliothèque des chemins de fer comprendra la traduction de quelques-uns des chefs-d'œuvre de l'antiquité. Les littératures anglaise, allemande, italienne, espagnole, russe et suédoise fourniront un certain nombre de romans, de contes et de récits dont plusieurs n'ont point encore été traduits.

5. AGRICULTURE ET INDUSTRIE.

Cette série sera consacrée à de petits livres, destinés à propager les bonnes méthodes de culture, les découvertes et les innovations utiles. Toutes les questions qui ont de l'actualité, comme le drainage, les maladies des végétaux, les chemins de fer, l'industrie séricicole, etc., seront traitées par les hommes les plus compétents.

6. LIVRES ILLUSTRÉS POUR LES ENFANTS.

Les enfants auront leurs livres : livres amusants où ils trouveront beaucoup d'images. Ces petits voyageurs, que la route ennuie parfois lorsqu'elle est longue, seront ainsi tranquillement occupés, et ne fatigueront ni leurs parents, ni leurs compagnons de voyage.

7. OUVRAGES DIVERS.

Il est certains ouvrages qu'il serait difficile de classer dans les séries qui précèdent; ainsi dans quelle catégorie placer un livre sur la *Chasse*, un livre sur la *Pêche*, un livre sur le *Turf?* Sous le titre d'*Ouvrages divers*, les livres dont le sujet ne rentrera dans aucune des séries précédentes, seront rangés dans cette septième série, qui, par l'extrême variété qu'elle présentera, ne sera pas la moins intéressante.

VOLUMES PUBLIÉS OU PRÊTS A PARAITRE

au 1er Septembre 1854.

1° GUIDES DES VOYAGEURS.

(Couvertures rouges.)

Guides-itinéraires.

De Paris à Bruxelles, par *Eugène Guinot*, illustré de 70 vignettes dessinées par Chapuy et Daubigny, et accompagné de plans et de cartes....................... 2 fr.

De Paris à Lyon et à Troyes, par *F. Bernard*, illustré de 80 vignettes dessinées par Lancelot, et accompagné d'une carte............ 2 fr.

Itinéraire du chemin de fer de Paris au Havre et des bords de la Seine de Rouen au Havre, par *Jules Janin*, illustré de 57 vignettes dessinées par Morel-Fatio, et accompagné de cartes et de plans.................. 2 fr.

De Paris à Dieppe, par *Jules Janin*, illustré de 54 vignettes dessinées par Morel-Fatio et Daubigny, et accompagné d'une carte et de deux plans...................... 2 fr.

Itinéraire du chemin de fer et des bords de la Seine de Rouen au Havre, par *Jules Janin*, illustré de 38 vignettes, et accompagné d'une carte et d'un plan................ 1 fr. 50 c.

Petit Itinéraire du chemin de fer de Paris au Havre, extrait du précédent. 1 vol. in-32, illustré de 55 vignettes et accompagné d'une carte........ 1 fr.

Petit itinéraire de Paris à Rouen. 1 volume in-32, illustré de 33 vignettes et accompagné d'une carte....... 50 c.

De Paris à Strasbourg, par *Moléri*, illustré de 80 vignettes dessinées par Chapuy, Renard, Lancelot, etc., et accompagné d'une carte... 2 fr.

De Strasbourg à Bâle, par *Frédéric Bernard*, illustré de 50 vignettes, et accompagné d'une carte....... 1 fr.

De Paris à Bordeaux, par *Moléri*, *A. Achard* et *de Peyssonnel*, illustré de 120 vignettes dessinées par Champin, Lancelot et Varin, et accompagné de 3 cartes............ » »

De Paris à Nantes, par *Moléri*, *A. Achard* et *Frédéric Bernard*, illustré de 100 vignettes, dessinées par Champin, Thérond et Lancelot, et accompagné de 3 cartes.... 2 fr.

De Paris au centre de la France, contenant : 1° *De Paris à Corbeil et à Orléans* ; 2° *D'Orléans à Nevers, à Châteauroux et à Varennes*, par *Moléri* et *A. Achard*, illustré de 90 vignettes, dessinées par Champin et Lancelot, et accompagné d'une carte......................... 2 fr.

De Paris à Orléans, par *Moléri*, illustré de 45 vignettes dessinées par Champin et Thérond, et accompagné d'une carte........................ 1 fr.

De Paris à Corbeil, illustré de 40 vignettes dessinées par Champin, et d'une carte.................. 50 c.

D'Orléans à Tours, par *A. Achard*, illustré de 15 vignettes dessinées par Daubigny, et accompagné d'une carte........................ 1 fr.

D'Orléans à Nevers, à Châteauroux et à Varennes, par *A. Achard*, illustré de 45 vignettes et d'une carte. 1 fr. 50

Itinéraire descriptif et historique du chemin de fer de l'Ouest, par *A. Moutié*, correspondant du ministère de l'Instruction publique, etc. Nouvelle édition augmentée de l'itinéraire de Chartres à la Loupe. 1 vol. grand in-8, orné de cinq belles lithographies.................. 1 fr. 50 c.

Guides-cicerone.

Belgique, par *Félix Mornand*, avec une

belle carte de la Belgique, indiquant toutes les voies de communication. Prix .... 2 fr. 50 c.

Dieppe et ses environs, par *E. Chapus*, illustré de 12 vignettes et accompagné d'un plan.................. 1 fr.

Enghien et la Vallée de Montmorency, par *E. Guinot*. 1 vol. in-32, illustré de 18 vignettes.............. 50 c.

Fontainebleau et ses environs, par *Frédéric Bernard*, illustré de 20 vignettes dessinées par Lancelot....... 1 fr.

Guide du Voyageur à Londres, précédé d'un Itinéraire historique et descriptif des chemins de fer de Paris à Londres, illustré de 100 vignettes dessinées par Daubigny et Freemann, et accompagné de cartes et de plans. 2e édition.............. 2 fr. 50 c.

Le Château, le Parc et les grandes eaux de Versailles, par *Frédéric Bernard*, illustré de 30 vignettes sur bois et accompagné de 3 plans. 1 fr.

Le Parc et les grandes eaux de Versailles. 1 vol. in-32, illustré de 20 vignettes.................... 30 c.

Les Ports militaires de la France (Cherbourg, Brest, Lorient, Rochefort et Toulon), par *E. Neuville*. 1 volume illustré de 14 vignettes et accompagné de 5 plans. 1 fr. 50 c.

Mantes et ses environs, par *A. Moutié*. 1 volume in-8, avec une belle lithographie...................... 1 fr.

Paris, son histoire, ses monuments, ses musées, son administration, son commerce et ses plaisirs, nouveau Guide des Voyageurs, accompagné de 18 plans où l'on trouve les renseignements pour s'installer et vivre à Paris, de toutes manières et à tous prix; publié par une société de littérateurs, d'archéologues et d'artistes....... 6 fr.

Petit guide de Paris, contenant la description des Monuments, des Musées, des Plaisirs et des Établissements divers de cette ville, avec un plan. 2 fr.

Vichy et ses environs, par *Louis Piesse*, illustré de 23 vignettes et accompagné d'un plan.................... 1 fr.

Guides-interprètes.

L'Interprète anglais-français pour un voyage à Londres, ou, conversations dans les deux langues sur les points les plus essentiels et les plus curieux du voyage, par *C. Fleming*.. 2 fr. 50 c.

L'Interprète français-anglais pour un voyage à Paris, ou, conversations dans les deux langues sur les points les plus essentiels et les plus curieux du voyage, par *C. Fleming*. 2 fr. 50 c.

Les principaux Guides se vendent aussi reliés. La reliure élégante et solide se paye 1 franc par volume en sus des prix ci-dessus indiqués.

2° HISTOIRE ET VOYAGES.

(Couvertures vertes.)

Biographies.

La Vie et la Mort de Socrate, racontées par *Xénophon* et *Platon* (470-400 avant J. C.).................. 1 fr.

Le Cid Campéador, chronique extraite des anciens poëmes espagnols, des historiens arabes et des biographies modernes, par *C. de Monseignat* (1040-1090).............. 1 fr. 50 c.

Héloïse et Abélard, par *A. de Lamartine* (1079-1142).............. 50 c.

Saint Dominique et les Dominicains, par *E. Caro*............ 1 fr. 50 c.

Saint François d'Assise et les Franciscains, par *Frédéric Morin*.. 1 fr.

Jeanne d'Arc, par *J. Michelet* (1412-1432).................. 1 fr. 50 c.

Gutenberg, inventeur de l'imprimerie, par *A. de Lamartine* (1400-1469). 50 c.

Christophe Colomb, par *A. de Lamartine* (1436-1506).............. 1 fr.

Louis XI et Charles le Téméraire, par *J. Michelet* (1461-1477)... 1 fr. 50 c.

Le Cardinal de Richelieu, par *H. Corne*, ancien représentant (1623-1642). 1 fr.

Le Cardinal Mazarin, par *H. Corne*, ancien représentant (1642-1661). 1 fr.

Histoire d'Henriette d'Angleterre, duchesse d'Orléans, par Mme *de La Fayette* (1661-1670)........... 1 fr.

Fénelon, par *A. de Lamartine* (1651-1715)...................... 1 fr.

Madame de Maintenon, par *G. Héquet* (1635-1719).................... 2 fr.

Law, son Système et son Époque, par *A. Cochut* (1716-1729).......... 2 fr.

Aventures du baron de Trenck, d'après ses Mémoires, par *P. Boiteau* (1726-1794)........ 1 fr. 25 c.

Nelson, par *de Lamartine* (1758-1805). 1 f.

Pie IX, par *E. de Saint-Hermel* (1792-1853).................. 1 fr. 50 c.

Charlemagne et sa Cour, portraits, jugements et anecdotes, par *B. Hauréau* (742-814).............. 1 fr. 50 c.

François Ier et sa Cour, portraits, jugements et anecdotes (1515-1547).. 2 fr.

Louis XIV et sa Cour, portraits, jugements et anecdotes, extraits littéralement des Mémoires authentiques du *duc de Saint-Simon* (1694-1715). 2 fr.

Le Régent et la Cour de France sous la minorité de Louis XV, portraits, jugements et anecdotes, extraits littéralement des Mémoires authentiques du *duc de Saint-Simon* (1715-1723)........................ 2 fr.

Événements historiques. — Ouvrages divers.

La Légende du bienheureux Charles le Bon, comte de Flandre, récit du XIIe siècle, par *Galbert de Bruges*..... 1 fr.

La Jacquerie, précédée des insurrections des Bagaudes et des Pastoureaux; d'après *Mathieu Paris, Froissart*, etc. (1270-1380)......... 1 fr.

Guillaume le Conquérant, ou l'Angleterre sous les Normands, ouvrage publié sous la direction de M. *Guizot* (1027-1087).............. 1 fr. 50 c.

La grande Charte ou l'Établissement du gouvernement constitutionnel en Angleterre, par *Camille Rousset*. Ouvrage publié sous la direction de M. *Guizot*.................... 2 fr.

Édouard III et les Bourgeois de Calais, ou les Anglais en France, ouvrage revu par M. Guizot (1346-1558)...... 1 fr.

Origine et fondation des États-Unis d'Amérique, par *P. Lorain*, ancien recteur. Ouvrage publié sous la direction de M. *Guizot* (1497-1620). 2 fr. 50 c.

Histoire du siége d'Orléans et des honneurs rendus à la Pucelle, par *J. Quicherat*..................... 50 c.

La Saint-Barthélemy, récit extrait de *L'Estoile, Brantôme, Marguerite de Navarre, de Thou, Montluc*, etc. (24 août 1572)............... 1 fr.

Assassinat du maréchal d'Ancre, relation anonyme attribuée au garde des sceaux *Marillac*, avec un Appendice extrait des Mémoires de *Richelieu* (24 avril 1617)................ 75 c.

La Conjuration de Cinq-Mars, récit extrait de *Montglat, Fontrailles, Tallemant des Réaux, Mme de Motteville*, etc. (1642).............. 60 c.

Conspiration de Walstein, épisode de la guerre de Trente ans, par *Sarrasin*, avec un Appendice extrait des Mémoires de *Richelieu* (1634)..... 60 c.

Deux années à la Bastille, récit extrait des Mémoires de Mme *de Staal* (Mlle de Launay) (1717-1720)...... 1 fr. 25 c.

Un chapitre de la Révolution française, ou Histoire des journaux en France de 1789 à 1799, précédée d'une introduction historique sur les journaux chez les Romains et dans les temps modernes, par *Ch. de Monseignat*. 2 f. 50 c.

Campagne d'Italie, par *P. Giguet*, avec une carte de l'Italie gravée sur acier (1796)........................ 1 fr. 25 c.

Souvenirs de l'empereur Napoléon Ier, extraits du *Mémorial de Sainte-Hélène* de M. le comte *de Las Cases* (1769-1821)............. 2 fr. 50 c.

Voyages. — Mœurs et Coutumes.

Voyage du comte de Forbin à Siam, suivi de quelques détails extraits des Mémoires de l'abbé *de Choisy* (1685-1688)................... 1 fr. 25 c.

La Mine d'ivoire, voyage dans les glaces de la mer du Nord, traduit de l'anglais......................... 1 fr.

Abrégé du voyage de Levaillant dans l'intérieur de l'Afrique.... 1 fr. 75 c.

Les Émigrés français dans la Louisiane (1800-1804)......... 1 fr. 50 c.

Scènes de la vie maritime, par le capitaine *Basil Hall*, traduites par *Amédée Pichot*...................... 2 fr.

Les Convicts en Australie, voyage dans

la Nouvelle-Hollande, par *P. Merruau*.................. 1 fr. 50 c.

Mœurs et Coutumes de l'Algérie. — (Tell, Kabylie, Sahara), par le général *Daumas*, conseiller d'État, directeur des affaires de l'Algérie. 2 fr. 50

Aventures de Robert Fortune en Chine, dans ses voyages à la recherche du thé et des fleurs............. 2 fr.

La Grèce contemporaine, par *Edmond About*................. 3 fr. 50 c.

La Russie contemporaine, par *Léouzon Le Duc.* (2e édition).......... 3 fr.

Voyage en Californie en 1852 et 1853, par *Ed. Auger*.......... 1 fr. 50 c.

Les Mormons, par *Amédée Pichot*. 2 fr.

Pitcairn, nouvelle île fortunée dans l'océan Pacifique............ 50 c.

Voyages dans les glaces du pôle arctique, à la recherche du passage nord-ouest, extraits des relations de sir John Ross, Edward Parry, John Franklin, Beechey, Back, Mac Clure et autres navigateurs célèbres, par MM. *A. Hervé* et *F. de Lanoye*.... 2 fr. 50 c.

Voyage d'une femme au Spitzberg, par Mme *L. d'Aunet*............ 3 fr.

La Nouvelle-Calédonie. Voyages,— missions, — colonisation. — par *Charles Brainne*.................... 2 fr.

Les Iles d'Aland, avec une carte et deux gravures, par *Léouzon Le Duc.* 1 f. 50

3° LITTÉRATURE FRANÇAISE.

(Couvertures cuir.)

Romans et Contes.

Atala, René, les Natchez, par *de Chateaubriand*... .... 3 fr. 50 c.

Ernestine — Caliste — Ourika, par Mmes *Riccoboni*, *de Charrière* et *de Duras*................. 1 fr. 75 c.

Eugénie Grandet, par *H. de Balzac*.................... 2 fr. 50 c.

Geneviève, histoire d'une servante, par *A. de Lamartine*............. 3 fr.

Graziella, par *A. de Lamartine*. 1 f. 50 c.

La Bourse, par *H. de Balzac*.... 50 c.

La Colonie rocheloise, nouvelle extraite de l'Histoire de Cléveland de *l'abbé Prévost*................ 1 fr. 50 c.

Le Lion amoureux, suivi de l'Orage et des deux Aveugles, par *Frédéric Soulié*................ 1 fr. 50 c.

Les Oies de Noël, par M. *Champfleury*. Prix.................... 1 fr. 50 c.

Palombe ou la Femme honorable, par *Jean-Pierre Camus*, évêque de Belley (1624), précédée d'une étude littéraire sur Camus et le roman au XVIIe siècle, par *H. Rigault*........... 1 fr.

Paul et Virginie, par *Bernardin de Saint-Pierre*........... 1 fr. 25 c.

Scènes de la vie politique : 1° le Réquisitionnaire; 2° un Épisode sous la Terreur, par *H. de Balzac*....... 50 c.

Ursule Mirouët, par *H. de Balzac*.................... 2 fr. 50 c.

Zadig ou la Destinée, histoire orientale, par *Voltaire*................ 1 fr.

Théâtre.

Le Joueur, de *Regnard*........ 75 c.

Théâtre choisi de *Lesage*, contenant Crispin rival de son maître et Turcaret................ 1 fr. 25 c.

L'Avocat Patelin, de *Brueys* et *Palaprat*....................... 50 c.

Les Arlequinades (*Florian*). 1 fr. 50 c.

Théâtre choisi *de Beaumarchais*, contenant le Barbier de Séville et le Mariage de Figaro, avec préfaces et notices...................... 2 fr.

La Métromanie, de *Piron*...... 75 c.

Le Philosophe sans le savoir, de *Sedaine*...................... 75 c.

4° LITTÉRATURE ÉTRANGÈRE.

(Couvertures jaunes.)

Aladdin ou la Lampe merveilleuse, conte tiré des Mille et une Nuits. 1 fr. 25.

Alamontade ou le Galérien, par *Henri Zschokke*, traduction de *C. de Suckau*...................... 75 c.

Contes *d'Auerbach*, traduits par M. Bouteville....................... 1 fr.

Contes choisis d'Hawthorne, traduits de l'anglais par MM. *Le Roy* et *Scheffter*. — I. Catastrophe de M. Higginbotham; II. la Fille de Rapaccini; III. David Swan............... 75 c.

Contes merveilleux tirés d'*Apulée*. 1 f. 50

Costanza, ou l'illustre servante, par *Cervantès*, traduction de *L. Viardot*. Prix........................ 75 c.

Histoire de Djouder le Pêcheur, conte traduit de l'arabe, par *Cherbonneau* et *Thierry*.................. 1 fr.

Jonathan Frook, par *Henri Zschokke*, traduction de *C. de Suckau*.... 75 c.

La Bataille de la Vie, par *Ch. Dickens*, traduite de l'anglais par *A. de Goy*. 1 f.

La Bohémienne de Madrid, par *Cervantès*, traduction de *L. Viardot*... 75 c.

La Case de l'oncle Tom, ou vie des Nègres en Amérique, par Mrs *Harriet Beecher Stowe*, traduction de *L. Enault*................. 2 fr. 50 c.

La Fille du Capitaine, par *Alexandre Pouschkine*, roman traduit du russe par *L. Viardot*. .... 1 fr. 50 c.

La Fille du Chirurgien, de sir *Walter Scott*, traduction de *L. Michelant*. 2 fr.

La Mère du Déserteur, du même auteur, traduction de *F. Colincamp*... 1 fr.

Ces deux nouvelles sont extraites des *Chroniques de la Canongate*.

Le Grillon du foyer, par *Dickens*, traduction de *F. Colincamp*..... 1 f. 50

Le Mariage de mon Grand-Père, suivi du Testament du juif, traduit de l'anglais.......................... 1 fr.

Lettres choisies de lady *Montague*, traduites de l'anglais..... 1 fr. 25 c.

Mémoires d'un Seigneur russe, ou tableau de la situation actuelle des nobles et des paysans dans les provinces russes, traduits du russe d'Ivan Tourghenief, par *E. Charrière*. 3 fr.

Nouvelles choisies d'*Edgard Poë*, contenant : 1° le Scarabée d'or, 2° l'Aéronaute hollandais; traduites de l'anglais....................... 1 fr.

Nouvelles choisies de *Nicolas Gogol*, contenant : 1° les Mémoires d'un fou; 2° un Ménage d'autrefois; 3° le Roi des gnomes, traduites du russe par *L. Viardot*.............. 1 fr. 50 c.

Tarass Boulba, de *Nicolas Gogol*, traduit du russe par *L. Viardot*. 1 fr. 50 c.

Nouvelles choisies du *comte Sollohoub*, traduites du russe par *E. de Lonlay* : 1° Aventure en chemin de fer; 2° les deux Étudiants; 3° la Nouvelle inachevée; 4° l'Ours; 5° Serge.. 1 fr. 50 c.

Voyage en France à la recherche de la Santé, tiré de Sterne, par *A. Tassel*....................... 75 c.

5° SCIENCES, AGRICULTURE ET INDUSTRIE.

(Couvertures bleues.)

Des Substances alimentaires et des moyens de les améliorer, de les conserver et d'en reconnaître les altérations, par *A. Payen*, de l'Institut, secrétaire perpétuel de la Société impériale d'Agriculture (2e édition). 3 fr.

La Médecine domestique et la Pharmacie usuelle indiquant : 1° Les soins à donner avant l'arrivée du médecin dans les cas de maladie grave, d'empoisonnement, d'asphyxie, etc.; 2° le traitement rationnel de quelques affections légères; 3° les préparations pharmaceutiques les plus ordinaires et l'emploi de quelques appareils très-simplifiés; avec un tableau alphabétique et analytique des matières, et l'explication des termes les plus usités en médecine; par le Dr *E. Beaugrand*, ancien interne des hôpitaux de Paris, rédacteur du *Journal des Connaissances médicales pratiques*... 2 fr.

La Télégraphie électrique, par *Victor Bois*, ingénieur civil.......... 1 fr.

Le Jardinage, ou l'art de créer et d'entretenir un jardin, par *A. Ysabeau*.................... 1 fr. 50 c.

Les Chemins de fer français, par *V. Bois*................. 1 fr. 50 c.

Maladies de la Pomme de terre, de la Betterave, du Blé et de la Vigne de 1845 à 1853, avec l'indication des meilleurs moyens à employer pour les combattre, par *A. Payen*, avec 4 planches dont 3 coloriées..... 2 fr. 50 c.

6° LIVRES ILLUSTRÉS POUR LES ENFANTS.

(Couvertures roses.)

Choix de petits drames et de contes tirés de Berquin, avec 8 gravures sur bois........................ 2 fr.

Contes de Fées tirés de *Perrault*, de Mme *d'Aulnoy* et de Mme *Leprince de Beaumont*, avec 14 grav. sur bois. 2 fr.

Contes de l'Adolescence choisis de miss *Edgeworth*, et traduits par *A. Le François*, avec 22 grav. sur bois. 2 fr.

Contes moraux de Mme *de Genlis*, avec 8 gravures.............. 1 fr. 75 c.

Enfances célèbres, par Mme *L. Colet*, avec 16 gravures sur bois. 1 fr. 50 c.

Histoire de l'admirable Don Quichotte de la Manche, par *Cervantès*, édition à l'usage des enfants, illustrée de 17 vignettes sur bois.............. 2 fr.

Fables de Fénelon, archevêque de Cambrai, avec 8 gravures sur bois. 1 fr. 50 c.

La petite Jeanne ou le Devoir, par *Mme Z. Carraud*, avec 20 gravures sur bois................ 1 fr. 50 c.

Voyages de Gulliver à Lilliput et à Brobdingnag, par *Swift*, édition abrégée à l'usage des enfants, avec 10 gravures sur bois........... 1 fr. 50 c

7° OUVRAGES DIVERS.

(Couvertures saumon.)

Anecdotes historiques et littéraires, racontées par *L'Estoile*, *Brantôme*, *Tallemant des Réaux*, *Saint-Simon*, *Grimm*, etc.................... 1 fr.

Anecdotes du règne de Louis XVI. 1 fr.

Anecdotes du temps de la Terreur. 1 fr.

Anecdotes du temps de Napoléon Ier, recueillies par *E. Marco de Saint Hilaire*..................... 1 fr.

Aventures de Cagliostro, par *J. de Saint-Félix*............ 1 fr. 25 c

Études biographiques et littéraires sur quelques célébrités étrangères, par *J. Le Fèvre Deumier*. — I. Le Cavalier Marino; II. Anne Radcliffe; III. Paracelse; IV. Jérôme Vida... 2 fr. 50 c.

La Chasse à tir en France, par *Joseph La Vallée*, ouvrage illustré de 30 vignettes sur bois dessinées par *F. Grenier*...................... 3 fr.

La Sorcellerie, par *Ch. Louandre*. 1 fr.

Les Cartes à jouer et la Cartomancie, par *Paul Boiteau*. Ouvrage illustré de 40 bois.................. 3 fr. 50 c.

Les Chasses princières en France de 1589 à 1839, par *E. Chapus*..... 2 fr.

Le Sport à Paris, ouvrage contenant : Le Turf, — la Chasse, — le Tir au pistolet et à la carabine, — les Salles d'armes, la Boxe, — le Bâton et la Canne, — la Lutte, — le Jeu de Paume, — le Billard, — le Jeu de Boule, — l'Équitation, — la Natation, — le Canotage, — la Pêche, — le Patin, — la Danse, — la Gymnastique, — les Échecs, — le Whist, etc., par *Eugène Chapus*................. 2 fr. 50 c.

Le Turf ou les Courses de chevaux en France et en Angleterre, par le même auteur....................... 3 fr.

Mesmer et le Magnétisme animal, par *E. Bersot*............... 1 fr. 50 c.

Souvenirs de chasse, sixième édition, par *L. Viardot*......... 2 fr. 50 c.

Un grand nombre de volumes sont sous presse et paraîtront successivement.

Ch. Lahure, imprimeur du Sénat et de la Cour de Cassation (ancienne maison Crapelet), rue de Vaugirard, 9.

A LA [illegible] LIBRAIRIE

[illegible] complète de [illegible] grégorien, à l'usage [illegible] [illegible] et [illegible] [illegible] Prix, broché. [illegible]

Relié en basane. [illegible]

[illegible] communautés, [illegible] avec les plain-chants [illegible] par M. [illegible] 900 pages. Prix, broché [illegible]

Ouvrage approuvé par [illegible] et l'Évêque de [illegible]

[illegible]

[illegible] collèges, pensionnats [illegible]

[illegible] par M. l'abbé de [illegible]

[illegible]

Ouvrage approuvé par [illegible] de l'Instruction publique.

[illegible]

[illegible]

Ch. Lahure, imprimeur [illegible]

www.ingramcontent.com/pod-product-compliance
Ingram Content Group UK Ltd.
Pitfield, Milton Keynes, MK11 3LW, UK
UKHW031922260826
14628UKWH00003B/1363